# 花の
# ちりめん細工と
# つるし飾り

矢島佳津美

和室にも洋室にも合う 季節の花飾り

## はじめに

　つるし飾りとは、古くは女性たちが着物の端布を使い、花や人形など身近なものに見立てた細工物をひもにつなげたもので、ひな祭りなどに飾られていました。日本三大つるし飾りといわれている伊豆稲取の「雛のつるし飾り」、福岡柳川の「さげもん」、山形酒田の「傘福」がそれぞれ古い伝統を持ち大変有名ですが、近年は伝統にとらわれず1年中飾って楽しめる、手芸としてのつるし飾りも盛んに作られるようになっています。

　ちりめん細工とは本来は袋物ですが、この本では、季節の花々を単独で飾っても、たくさん作ってつるし飾りにしてもよいようにご紹介しました。また、縫い物が苦手な方でも楽しんでいただけるように作り方をパターン化して、より簡単にいたしました。

　飾りに使用する布は、着物離れが進み入手しにくくなりましたが、やはり、絹のちりめんや錦紗（細い糸で織ったちりめんの一種）で作ると、適度な柔らかさと伸びがよいため美しく仕上がります。昭和中頃までのちりめん類が材料としてはおすすめです。

　タンスの隅に眠っている小さな布で生活に彩りを添える手作りを楽しまれてはいかがでしょうか。

矢島佳津美

# Contents

## 花のちりめん細工とつるし飾り

桜 ➡ P.6　　花水木 ➡ P.8

藤 ➡ P.11　　牡丹 ➡ P.12

紫陽花 ➡ P.14　　百合 ➡ P.16

クレマチス ➡ P.20　　朝顔 ➡ P.22

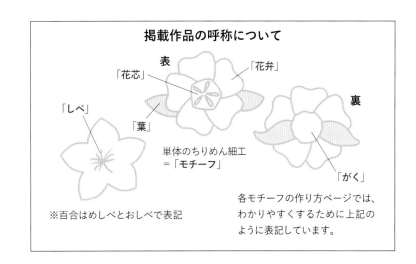

**掲載作品の呼称について**

表

「花芯」

「花弁」

裏

「しべ」

「葉」

単体のちりめん細工
＝「モチーフ」

「がく」

※百合はめしべとおしべで表記

各モチーフの作り方ページでは、
わかりやすくするために上記の
ように表記しています。

作り方 P.65

# 桜 <ruby>桜<rt>さくら</rt></ruby>

*Cherry blossom*

お花見や「サクラサク」の合格発表など、春を代表する風物詩。古くは和歌や俳句、現在でも多くの楽曲、文学に登場します。さらには百円硬貨、お札などで日常的に見かけることから、日本人にとっては馴染み深く、特別な存在と言えるでしょう。3月27日は「さくらの日」に制定されています。

## 桜と<ruby>総角<rt>あげまき</rt></ruby>結びのつるし飾り

古くから生命の象徴として神祭などで重宝されている「総角結び」の組みひもと桜を組み合わせた飾り。淡いピンクと薄水色の配色が、美しくも儚い桜を表現しています。

作り方 P.98

# 花水木
はな みず き

*Dogwood*

アメリカ原産の花で、かつてワシントンに
ソメイヨシノを贈った返礼として日本にやってきました。
桜が開花し終わった頃に花を咲かせ、
4月から5月にかけて見頃を迎えます。
10m以上にまで成長する樹木の割に葉や花は小ぶりで、
寿命は桜と同じく80年程度と言われています。

P.76

## 花水木の飾り

ハンガーのような木製のつるし棒
を使った3本飾り。モビールのよ
うに、花の数や位置を調整しなが
らバランスを整えましょう。

作り方 P.99

## 藤とあわじ結びの輪飾り

5色の打ちひもを使った「あわじ結び」と藤の組み合わせ。水引の一種であるあわじ結びは「結びきり」と言われ、結婚式など「一度きりのお祝い」に使われる縁起のいい結び方です。くくり花をつなげた藤の和の雰囲気にマッチします。

作り方 P.100

※有職造花師 大木素十氏の「山藤」を
　参考に製作させていただきました。

10

# 藤 <ruby>藤<rt>ふじ</rt></ruby>

*Wisteria*

淡い紫色の小さな花が枝から垂れ下がる姿が美しく、
また香りもいいことから古くから女性らしさの象徴とされてきた花。
庭園や公園などで見かける春先の「藤棚」は圧巻です。
つるが強く、長く伸びることから
家運隆盛、延命長寿によい花とされています。

# 牡丹

ぼたん

*Peony*

華やかで大きな花にもかかわらず、ポトリと落ちず、花びら一枚ずつ落ちていく様子から縁起のいい花とされています。特に中国では「花神」「花王」と敬われる国花で、家庭の幸福や繁栄もたらす富貴の花として、古来より長きにわたって愛されています。

作り方 P.77

## 牡丹のつるし飾り

３色の花を長めの組みひもと合わせた飾りは存在感十分。大輪の牡丹ならではの優雅な雰囲気を楽しみましょう。

作り方 P.101

# 紫陽花
あじさい

*Hydrangea*

5月頃から開花を始め、梅雨時期に見頃を迎えます。紫陽花の英名・ハイドランジアとはラテン語で「水の器」という意味で、それくらい水を好む性質。もともと日本の花ですが、海外でも人気が高く、今では品種、形、色も豊富です。花言葉は「家族団欒」など。

作り方 P.78

## 紫陽花のつるし飾り

正方形の布をくくって作る花と、水滴のようなモチーフを組み合わせた小ぶりな飾り。小さなスペースに飾ると可愛らしさが引き立ちます。

作り方 P.102

# 百合（ゆり）

*Lily*

「純潔」「無垢」と言った花言葉のとおり、花嫁のブーケや花束に欠かせない存在。また美しい女性を象徴する花として「立てば芍薬、座れば牡丹、歩く姿は百合の花」ということざわにも登場します。中でも白百合は「聖母マリアの花」と言われる神聖な花です。

作り方 P.80

百合のガーランド

大ぶりな百合7個をつなげた飾り。
広い壁にはガーランドとして、両端
のひもをまとめて輪にし、リースの
ようにドアに飾るのもおすすめです。

作り方 P.103

# クレマチス

*Clematis*

つるが強いことから「テッセン」とも呼ばれています。多くの種類があり、世界中に愛好家がいることでも有名で、特にイギリスでは「つる性植物の女王」として高い人気を博しています。開花時期は4月から10月ですが、種類が多いことから、一年を通して何かしらの花を楽しめます。

## クレマチスの飾り

アイアンの飾り台にランダムに配したクレマチス。壁に飾るのはもちろん、好きな向きに飾り台を置いて楽しむこともできます。

作り方 P.104

作り方 P.81

作り方 P.69

# 朝顔
（あさがお）

*Morning glory*

朝に花開き、午後にはしぼむ夏の花であり、夏の風物詩として有名。伝統園芸植物と言われており、江戸時代に大ブームを巻き起こし、現在も愛好家の多い花です。つるを巻きつけながら伸びる性質から、「結束」「あなたに絡みつく」と言った花言葉がついています。

## 朝顔の飾り

はしご状の飾り台に朝顔のつるを巻きつけた飾り。玄関や床の間などに掛けたり、さりげなく置くだけで風流な夏のインテリアに。

作り方 P.105

# ハイビスカス

*Hibiscus*

トロピカルなイメージからか、夏の花だと思われがちですが
春から秋まで長い期間にわたって花を楽しめます。
朝に花開き、夜にはしぼむことが多いものの、
次々に新しい花を咲かせるのが特長です。
華やかな見た目のとおり、
赤は「勇敢」、黄色は「輝き」という花言葉がついています。

作り方 P.83

## ハイビスカスと槿の
## つるし飾り

同じ作り方の2種を3個ずつひも
に結んでつり下げた5本飾り。中
心には3個の花を束ね、アクセン
トをつけています。

作り方 P.106

作り方 P.82

# 槿 (むくげ)

*Rose of Sharon*

真夏の暑い時期に鮮やかな花を咲かせますが、非常に耐寒性が強いので、北海道でも見ることができます。ハイビスカスを小ぶりにしたような形と、白、ピンク、紫をはじめとするカラーバリエーション、一重、八重、半八重など咲き方も豊富なところが魅力です。

# 蓮 (はす)

*Lotus*

インドやベトナムの国花で、仏画では神様が蓮の花の上に座る姿が描かれることが多く、神々との関わりが深いことから神聖な花として崇められています。また花は昼にとじて、朝になると再び咲くことから、太陽や創造、再生の象徴とされています。

## 蓮の飾り

アイアンのつるし台を使った、つるしと置き両方を楽しめる飾り方。宙に浮いた蓮が、神秘的な雰囲気を醸し出します。

作り方 P.107

作り方 P.84

# 芒 すすき

*Silver grass*

秋を代表するイネ科の多年草。
長さは1mから2mにも及び、多数の花茎を立てることから、
芒が風に吹かれる光景は圧巻です。
魔除けの効果があると言われ、
古くから中秋の名月の飾りに欠かせない存在。
秋の七草の一つでもあります。

作り方 P.87

# 桔梗
（ききょう）

*Balloon flower*

「桔梗紋」と言われる家紋や衣装、
蒔絵などの文様として古くから愛されてきました。
秋の七草の一つとして知られることから、
秋の花と思われがちですが、
実は真夏でも涼やかに咲き続ける丈夫な花。
花言葉は「永遠の愛」「気品」「誠実」など。

作り方 P.88

# 大菊
おお ぎく

*Chrysanthemum*

菊には大小さまざまな品種がありますが、「菊花展」の主役とも言われるのが大菊。その名の通り、直径18㎝を超える見応えのある花です。中でも細長い花弁が放射状に広がる「管物」は、目を引く華やかさから愛好家も多く見られます。

## 大菊と総角結びの飾り
あげまき

「総角結び」の組みひもと大菊を合わせた高貴な不雰囲気を讃える飾り。個性的な作りの大菊を正面から愛でることができます。

作り方 P.108

作り方 P.90

# 菊 <sub>きく</sub>

*Chrysanthemum*

日本ではお供え花のイメージがありますが、
「菊を飾ると福が来る」と言い伝えられ、
お正月や端午の節句、お月見、七五三といった
季節の行事にも欠かせない気品ある花です。
冠婚葬祭の両方に重宝される代表花と言えるでしょう。
花言葉は「高貴」「高潔」など。

作り方　P.89

# 撫子
<ruby>撫子<rt>なでしこ</rt></ruby>

*Dianthus superbus*

世界中に三百もの種類が見られる多年草。

秋の七草の一つですが、開花時期は4月から10月と長めです。

ギザギザとした花びらと小ぶりで可憐な姿が、

撫でたくなるほど可愛いらしいというのが「撫子」の語源らしく、

花言葉も「純愛」と、古くから愛されている花です。

作り方 P.86

## 秋の草花かご盆飾り

秋の七草に数えられる桔梗、芒、撫子
に、秋が見頃の菊を加え、バランスよ
くかご盆に配置。お月見とともに楽
しみたい風流な飾りです。

作り方 P.109

# 椿

つばき

*Camellia*

赤や白、混色などの美しい色を咲かせる日本の花。常緑で冬でも元気に茂ることから神社や寺に好まれ、邪を払う木として古くから庶民の間で親しまれてきました。椿の種子から採れる「椿油」は、髪や肌にいいと、古来より女性の美に一役買っています。

作り方 P.59

## 紅白椿のつるし飾り

紅白絞りの鮮やかな椿と組みひもを
シンプルに組み合わせた飾り。混色
椿の数を増やしたり、単色椿（P.43）
をミックスさせるのもおすすめです。

作り方 P.110

## 椿のくす玉

もともとくす玉は、端午の節句に不浄を払い邪気を避けるために簾や柱にかけたことが始まり。今では季節を問わず飾られ、椿のくす玉は冬の飾りにぴったり。飾り台を使えば、床の間などのインテリアに。

作り方 P.110

作り方 P.59

43

# ポインセチア

*Poinsettia*

12月25日の誕生花で、別名クリスマスフラワー。日本では鉢植えで見る機会が多いですが、原産のメキシコでは高さのある樹木で育ちます。ポインセチアの赤は「キリストの血」、白は「純潔」、緑は「永遠の象徴」を表すと言われ、縁起のいい植物として親しまれています。

作り方 P.92

## ポインセチアのリース

クリスマスらしい赤×緑×金のリース。もともとは魔除けや豊作祈願などの意味がありますが、今ではクリスマス飾りに欠かせないひとつです。

作り方 P.112

# 南天
### Nandina

「難（なん）を転（てん）じて福となす」に通じることから、
悪いことから逃れて福を迎えるとして、
古くから縁起木として親しまれてきました。
今でも赤くてつぶらな実は、縁起物や厄除けとして
お正月飾りとして使われたり、生薬として鎮咳薬などに利用されています。

作り方 P.94

## 南天のしめ縄飾り

新年の幸福を願い、しめ縄に縁起物
をつける日本ならではのお正月飾り。
縁起のいい南天と金と銀の水引の相
性がよく、和のインテリアとして贈
り物にも喜ばれそうです。

作り方 P.113

作り方 P.96

# 水仙
すい せん

*Daffodil*

2月頃から開花を始める球根植物。香りの良い早春の草花として昔から親しまれ、香水に使われることでも有名です。日本には中国から渡りました。中国でも表記は同じ「水仙」で、仙人のように寿命が長く、清らかという意味から名付けられたそうです。

## 水仙のつるし飾り

飾り台を使った3本飾り。リボンのように揺れる葉が優雅な雰囲気を醸します。1本だけドアノブに掛けるなど、カジュアルな飾り方もおすすめです。

作り方 P.114

# ちりめん細工の基本

ちりめん細工を始める際に必要な材料や道具、
基本的な縫い方、ひもの結び方などを紹介。
モチーフを作る前にチェックし、
手縫いの手慣らしから始めてみましょう。

# 基本の道具と主な材料

この本で使用する主な道具と材料を紹介します。この本のちりめんは絹地なので、縫い針は「絹縫い針」、縫い糸は絹またはポリエステルの「手縫い糸」を使います。ちりめんも、手元に古い生地があれば、それを活用するのもおすすめです。

## ちりめん

ちりめんは平織りされた織物のことで、よりをかけて織ったしぼがあり、伸縮性が高いのが特長。無地、柄物、地紋などさまざまな種類がある。

ぼかし染め

無地

## 錦紗ちりめん

ちりめんの中でも薄く、しぼが細かくて滑らか。発色がよく、色柄も豊富。

## 絞り

糸で縛って染めることで、凹凸を出した絹地。伸縮性が非常に高い。

## 接着芯

薄手のニット用接着芯。ちりめんはやわらかいため、裏にアイロンで貼って補強する。

## 手縫い糸

（左）絹手縫い糸：9号の糸。巻かれた糸の癖を直してから50cm程度に切って使用する。
（右）ポリエステルの手縫い糸：細くて強く、価格も手頃で入手しやすい。

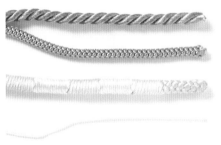

## 各種 手芸用ひも（上から順に）

ツイストコード：主に飾りに使用。　江戸打ちひも（太）と組みひも：飾りひもを作ったり、モチーフを縫いつけてつるしたりと用途はさまざま。　江戸打ちひも（細）：中に空洞があるため、細い打ちひもに針金を通して、花芯や枝にも使用する。

## 飾り用の材料（右から順に）

ウッドビーズ（直径0.6cm）：モチーフをつるす際に配置し、ストッパーにする。
金糸：デコレーション用の太めなラメ糸。
人五ひも：モチーフを通すときに使う打ちひも。太さ0.1cmで、レーヨン製。

**①針刺しとまち針**
布がずれないように使用。針の頭が小さいものが便利。

**②糸通し**
主に使う絹用の針と糸は細いため、これがあるととても便利。

**③ボンド**
手芸用ボンドか木工用ボンドを使用。

**④針**（左から）絹縫い針、手縫い針、ふとん針、帆刺針

**絹縫い針**
絹地を縫う細い針。パッケージに「四」の文字が入っているのが目印。

**手縫い針**
くす玉を作るときなど、手縫い糸を使用する際に使う。

**ふとん針**
長針で、中に綿が入ったモチーフを縫うときなどに使用。

**帆刺針**
長く針穴が大きい針。 人五ひもを通し、モチーフにつなげるときに使用する。ぬいぐるみ用針でも代用可能。

**⑤糸切りばさみ**
糸を切る専用のはさみ。普段使っているものでOK。

**⑥布切りはさみ/裁ちばさみ**
絹の生地を切るはさみ。絹は薄く切りづらいので、よく切れるものを用意。

**⑦かんし**
布をはさんで固定できるので、綿を詰めたり布を表に返す際に便利。

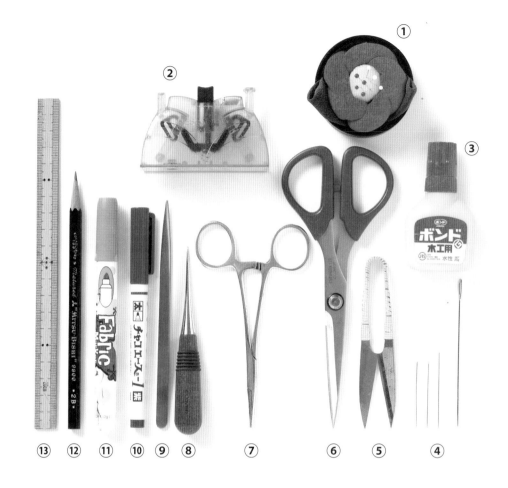

**⑧目打ち**
布や打ちひもに穴をあけたり布を表に返す際に使用する。

**⑨ピンセット**
先にギザギザがない「AA型」タイプ。綿を詰めたり布を表に返したりするときに使用する。

**⑩手芸ペン**
時間が経つと消えるタイプのものを使用（ちりめんは水に漬けると縮んでしまうため）。

**⑪布用ペン**
布に着色できるペン。耐水性・耐光性のあるものがおすすめ。

**⑫えんぴつ**
印つけなどに使用するので2B程度がおすすめ。

**⑬定規**
モチーフが小さいため、20cm以内の短いものが使いやすい。

※材料はモチーフによって異なるので、詳しくはP.59〜、P.76〜の〈材料〉欄を合わせてチェックしましょう。

# ちりめん細工の基本手順とポイント

ちりめん細工のモチーフを作る手順とポイントを紹介。
やわらかいちりめんを使って小さなパーツを作るため、型紙の取り方や、切り込みの入れ方、
布を裁つタイミングなどがきれいに仕上げるポイントになります。

## ❶型紙を作る

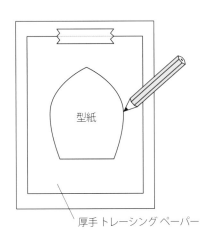

厚手 トレーシング ペーパー

実物大の型紙(P.115〜)を鉛筆で紙に写し取り、はさみで切る。はがき程度の厚さのトレーシングペーパーだと、透けて柄の位置が確認できるのでおすすめ。

## ❷布に接着芯を貼る

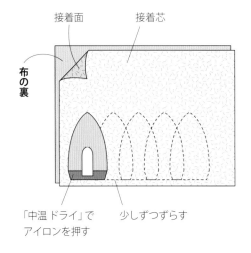

接着面　接着芯

布の裏

「中温 ドライ」で
アイロンを押す

少しずつずらす

ちりめんを補強するために、裏側に接着芯を貼る。さらし程度の当て布をし、アイロンは滑らせず、少しずつ位置をずらしながら押しつけて接着する。

## ❸型紙を取る

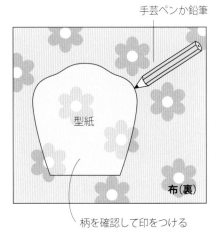

手芸ペンか鉛筆

型紙

布(裏)

柄を確認して印をつける

布の布目を確認しながら型紙をのせ、布の裏側に仕上がり線、あけ口の位置など印をつける。手芸ペンか、2B程度の硬さの鉛筆だと描きやすい。

## ❹布を縫う

裏

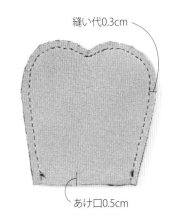

縫い代0.3cm

あけ口0.5cm

柄合わせが必要なので縫い代をつけて切ってから縫う方法(朝顔の花弁など)と、縫ってから縫い代分を残して余分を切る方法(桜の花弁など)がある。

## POINT 1

## 布を二つ折りにして型紙を取る

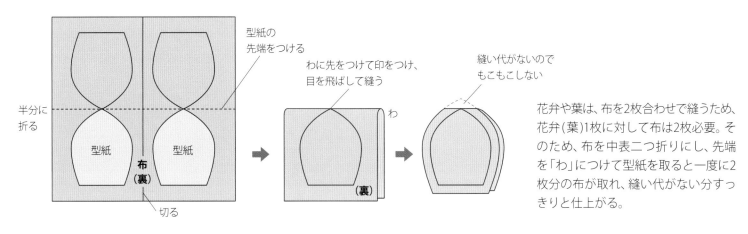

半分に折る

型紙

布（裏）

切る

型紙の先端をつける

わに先をつけて印をつけ、目を飛ばして縫う

わ

（裏）

縫い代がないのでもこもこしない

花弁や葉は、布を2枚合わせで縫うため、花弁（葉）1枚に対して布は2枚必要。そのため、布を中表二つ折りにし、先端を「わ」につけて型紙を取ると一度に2枚分の布が取れ、縫い代がない分すっきりと仕上がる。

## POINT 2

## 縫い代に切り込みを入れる

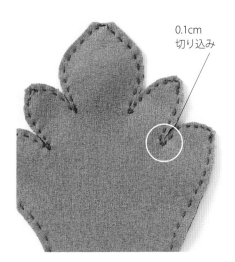

0.1cm切り込み

内角やカーブは縫い代に切り込みを入れると、表に返した際につれずにきれいに仕上がる。印の0.1cm手前まで切る。

## POINT 3

## 打ちひもに針金を通す

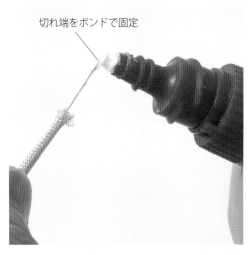

切れ端をボンドで固定

打ちひもは芯が空洞になっており、中に針金を通すことができる。両端の切れ端はほつれ防止と固定のために針金にボンドをつけてからひもの端をとめる。花芯やしべに使用。

## POINT 4

## ピンセットで角を出す

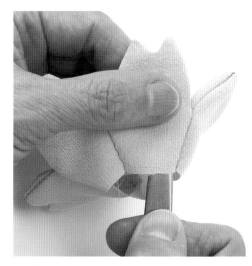

形が複雑なもの、細かいものは表に返してからピンセットやかんしで角を出すと、形が整う。

# モチーフの縫い方

ちりめんのような伸縮性があり、やわらかい布を縫う際には、半返し縫いが基本。
縫い目が大きくなったり、細かくなりすぎないように注意しながら縫いましょう。
縫い糸は、布と同じ色の絹手縫い糸を主に1本取りですが、布を強く絞る場合などは2本取りで縫います。

## ぐし縫い（並縫い）

(裏)
0.2〜0.3cm
0.2〜0.3cm

## 半返し縫い

2目分先に出す
1 出
3 出
2 入
0.2〜0.3cm
0.2〜0.3cm

## 本返し縫い

1 出
3 出
2 入
0.2〜0.3cm

## はしごまつり

0.2cm　(表)

## 四つ止め

折り山をひとまとめにしてすくう

布の内側から入れ折り山に針を出す

最初の位置に戻って、もう一度針を入れる

絞って布の内側で玉止め

## 巻きかがり

0.2〜0.3cm

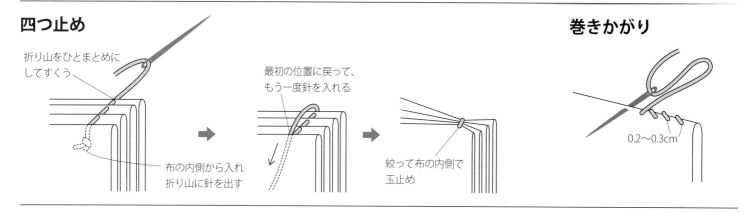

## わは一目分飛ばして縫う

一目分あける

本返し縫い

(裏)

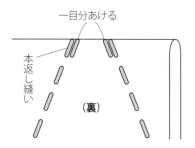

わの部分は縫わず、一目分（0.1〜0.2cm）あけて糸を渡す。両端は返し縫いをして補強する。

## 角の縫い代の処理

角を縫わずに斜めに渡す

本返し縫い

(裏)

一針とめる

折る

(裏)

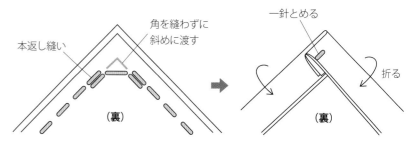

角の縫い代は縫わず、一目分斜めに糸を渡して縫う。縫い代をたたんで角を一針縫いとめておくと、表に返した際に角がきれいに出る。

# モチーフのつり方

モチーフのつり方はさまざまありますが、代表的な方法を紹介します。
はじめての方でも簡単にできます。

## 糸でつりひもに縫いつける

つりひもにモチーフをつけるだけの、もっともシンプルな方法です。糸2本取りで直接縫いつけます。同系色の糸を使用すると縫い跡が目立ちにくく、きれいに見えます。

## 糸で巻きかがる

フレームやかごなどを使うときや、重いモチーフを組みひもに縫いつけるときは巻きかがりで縫いつけます。モチーフがすべり落ちないように、しっかりと糸を引くのがポイントです。

## ウッドビーズを通す

つりひもにウッドビーズを通し、下からもう一度通して結びます。モチーフはウッドビーズの上に乗ります。つりひもを緩めるとビーズの位置を調整することができるので、モチーフを何個もつなげる場合におすすめです。

## ボンドで接着

くくり花のような小さくて軽いモチーフは、つるしひもに通してからボンドで接着します。

# 飾り結びの結び方

モチーフを組み合わせたつるし飾りによく使われるのが「あわじ結び」と「総角結び」。
一見難しそうですが、順を追って手を動かすとあっという間に完成します。
出来上がりが左右対称になるように、中心にテープなどで印をつけてから結ぶといいでしょう。

### あわじ結び

**1** ひもを半分に折り、左側に輪を作る。

**2** 1でできた輪に右側のひもを乗せ、乗せたひもを左側の下を通し、図のように輪の中に通す。

**3** ひもを通したところ。

**4** ひもを引き、形を整えて出来上がり。

### 総角結び（入型）

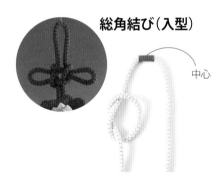

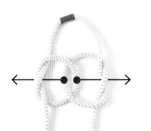

**1** ひもを半分に折り、左側をひと結びして輪を作る。

**2** 右側のひもを、左の輪の中に通してから輪を作る。

**3** 右側を2で作った輪の中に通し、重なった輪（●印）を図のように通して引く

**4** 形を整えながら、さらに引いていく。

**5** 3つの輪の長さを揃えて、出来上がり。

紅白椿

➡ P.40〜43

# 椿

椿は、花弁をそれぞれ作ってから縫い絞るだけなのでとっても簡単。初心者にも挑戦しやすいモチーフです。2種の椿は花芯以外の作り方は同じなので、お好みで。

〈材料 1個分〉※葉とがくは共通です

◆紅白椿　花弁　ちりめん（赤または白）／5枚（6.5×14cm）
　　　　　花芯A　ちりめん（黄）／1枚（4.5×13cm）
　　　　　葉　　ちりめん（緑）／2枚（5×14cm）
　　　　　がく　ちりめん（薄緑）／1枚（16×6cm）
　　　　　モール／15cm×5本　針金（#26）／7cm×2本
◆混色椿　花弁　ちりめん（混色）／7枚（6.5×14cm）
　　　　　葉、がくは椿（紅白）と同じ。
　　　　　花芯B　ちりめん（黄・白）／各1枚（4×13cm）
　　　　　手芸綿

下準備：型紙を作る。花弁と葉のちりめんに接着芯を貼る。
※実物大型紙はP.123　※写真は、わかりやすく赤い糸を使用しています。

混色椿

## 花弁を作る

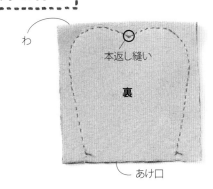

わ
本返し縫い
裏
あけ口

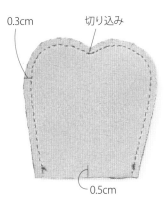

0.3cm
切り込み
0.5cm

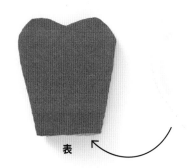

表

**01** 布を中表二つ折りにし、型紙の印をつけ、あけ口を除いて半返し縫いする。このとき、花弁のくぼみは間をあけずに本返し縫いする。縫い代を0.3cm、あけ口は0.5cmつけて布をカットする。丸みとくぼみに切り込みを入れておく。

**02** 表に返し、花弁の形に折り曲げたモールを中に入れる。

**03** 根元にボンドをつけて、モールを固定する。これを紅白の椿は5枚、混色の椿は7枚作る。

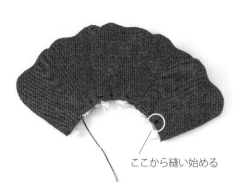

ここから縫い始める

**04** 花弁を半分ずつ重ねて根元をぐし縫いで輪に縫う。絞りやすくするため、縫い目が細かくならないように注意する。

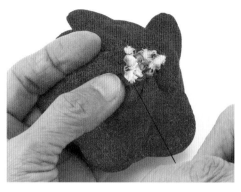

**05** 糸を引き、縫い口をしっかりと絞る。

**06** 裏側で玉止めする。

## 葉を作る

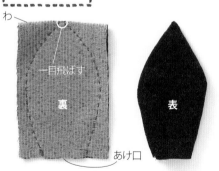

わ

一目飛ばす

裏

表

あけ口

**07** 布を中表二つ折りにし、わに葉の先をつけて型紙の印をつけ、あけ口を除いて布端から半返し縫いする。このとき、葉の先は一目飛ばして本返し縫いする。縫い代を0.3cmつけて布をカットし、表に返す。

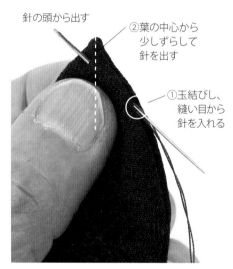

針の頭から出す

②葉の中心から少しずらして針を出す

①玉結びし、縫い目から針を入れる

**08** 糸2本取りで①から逆に針を入れ、葉の中心より少しずらした②に針を出し、結び目を中に引き込む。

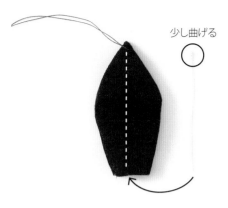

少し曲げる

**09** 一旦針を休める。葉と同じ長さの針金の先を少し曲げ、突き抜けないようにして葉の中に入れる。

**10** 葉を二つ折りにして針金を挟んで巻きかがりをする。布を4枚縫うので針は深めに刺す。

**11** これを2枚作り、花弁と花弁の間から葉が見えるように縫いつける。

## がくを作る

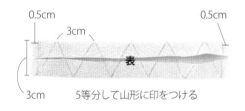

0.5cm    3cm    0.5cm
表
3cm
5等分して山形に印をつける

**12** 布の長い辺の端を中心に向かって突き合わせに折り、アイロンで折り目をつける。左右に0.5cmずつ縫い代をとり、等間隔にジグザクの印をつける。

裏

**13** 一旦広げ、左右の辺を中表に合わせて半返し縫いして輪にする。

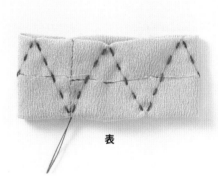

表

**14** 縫い代を割り、元の折り目に戻し表に返す。ジグザグの印に沿って大きな針目でぐし縫いする。

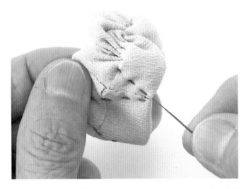

**15** 縫い終わったら糸をしっかり引き絞り、玉止めする。

**16** 片方のわの山を5ヶ所すくって絞り、玉止めする。このとき、玉止めを絞った内側に押し込むようにして隠す。

**17** がくができたところ。

**花芯Aを作る**

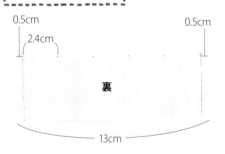

0.5cm　2.4cm　0.5cm

裏

13cm

**18** 布の左右に0.5cmの縫い代をとり、5等分して2.4cmごとに印をつける。

すくい縫いする

表

**19** 布を中表二つ折りにし、布端0.5cmを縫って輪にする。糸2本取りで印の位置を小さくすくい縫う。

裏

**20** 裏返し、口を絞って玉止めをする。

表

（裏側）

**21** 20を表に返して適量の綿を入れ、底をぐし縫いして絞る。このとき、玉止めは絞った内側に押し込んで隠す。

**22** 糸2本取りで花弁の中心に花芯、裏側にがくを縫いつけて完成。
※P.42のくす玉の椿にがくは不要

---

**花芯Bを作る** （椿・混色のみ）

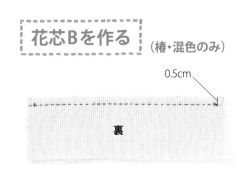

0.5cm

裏

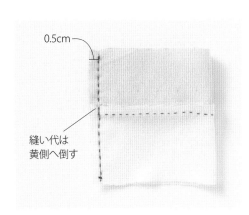

0.5cm

縫い代は黄側へ倒す

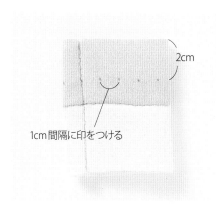

2cm

1cm間隔に印をつける

**01** 黄と白の布の長辺を合わせ、布端0.5cmをぐし縫いで縫い合わせる。

**02** 01の縫い代を黄側に倒して開き、中表にして布端0.5cmを縫い、筒状にする。

**03** 表に返して、黄の布端から2cmのところに、消える手芸ペンなどで1cmごとに印をつける。

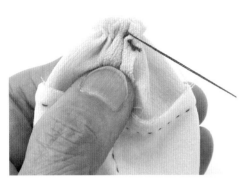

**04** 裏に返して、黄の布端0.5cmを糸2本取りでぐし縫いして絞る。

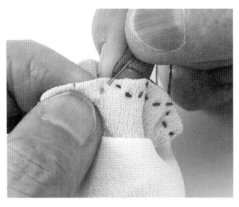

**05** もう一度表に返し、印をつけた部分を二つ折りして細かくジグザクに縫って絞り、裏側で玉止めをして処理をする。

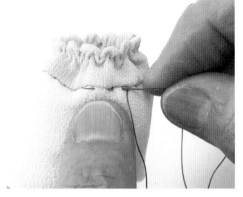

**06** 黄と白の布の間をぐし縫いし、少し絞る。

**07** 少し絞ったところ。花芯が立ち上がる程度にし、絞りすぎないように注意する。

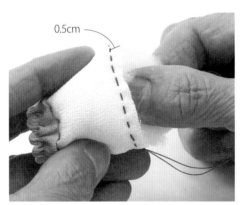

0.5cm

**08** 白の布端0.5cmをぐし縫いし、適量の綿を入れる。

**09** 絞って玉止めをする。このとき、玉止めは絞った内側に押し込んで隠す。白い方を底側にして、糸2本取りで花弁の中心に縫いつける。

➡ P.6、7

# 桜

花弁どうしをひとつに縫い合わせる作り方は、モチーフ作りの基本。縫い方を覚えることで、花水木や桔梗などさまざまな花に応用できます。

---

**〈材料 1個分〉**
**花弁** ちりめん(薄ピンク)／5枚(4×9cm)
**がく** ちりめん(深緑)／1枚(4×4cm)
**しべ** ペップ／5本
厚紙
下準備:型紙を作る。花弁のちりめんに接着芯を貼る。
※実物大型紙はP.116
※写真は、わかりやすく赤い糸を使用しています。

---

**花弁を作る**

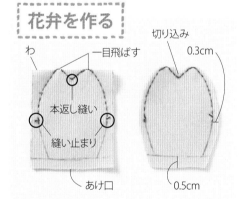

わ
一目飛ばす
本返し縫い
縫い止まり
あけ口
切り込み
0.3cm
0.5cm

**01** 布を中表二つ折りにし、型紙の印をつけ、縫い止まりの位置より先を半返し縫いする。このとき、花弁の先は一目飛ばして本返し縫いする。縫い代を0.3cm、あけ口は0.5cmつけて布をカットする。くぼみに切り込みを入れておく。

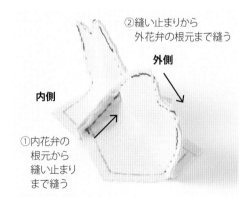

②縫い止まりから外花弁の根元まで縫う
**外側**
**内側**
①内花弁の根元から縫い止まりまで縫う

**02** 01を5枚作り、内側の内花弁どうしと、外側の外花弁どうしをそれぞれ中表に合わせて、根元の部分を縫い合わせる。

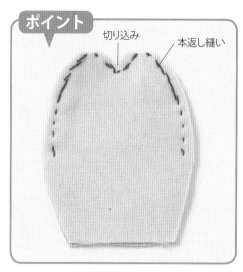

**ポイント**
切り込み
本返し縫い

花弁の先端は切り込みを入れるので、本返し縫いで細かく縫う。

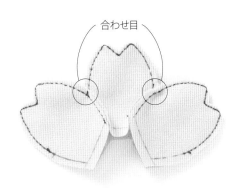

合わせ目

**03** 内花弁と外花弁は続けて縫い、合わせ目がずれないように注意する。

**04** 5枚を輪につなげる。

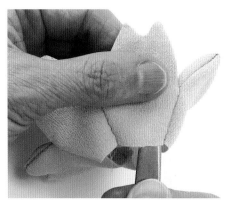

**05** 04を表に返す。このとき、ピンセットや目打ちで花弁の先までしっかりと布を伸ばすときれいに仕上がる。

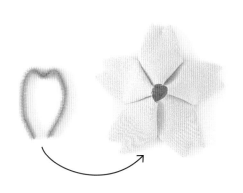

**06** モールを花弁の形に折り曲げ、それぞれの花弁の中に入れる。

**07** 花弁の根元にボンドをつけ、モールを固定する。

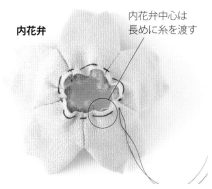

**内花弁**

内花弁中心は長めに糸を渡す

**08** 内花弁、外花弁2枚一緒に根元を縫って絞る。このとき、内花弁の中心はステッチを長めに渡すと内花弁にくぼみができる。

内花弁

外花弁

09 縫い絞ったところ。ステッチの幅を変えることで、花弁の中心にきれいにタックがよる。

10 花弁外側に針を出し、玉止めする。

11 目打ちで花弁中心に穴をあける。

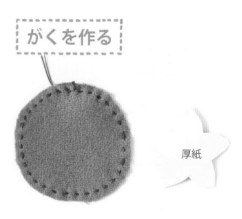

厚紙

12 あけた穴に、半分に折って糸で巻き束ねたペップを内花弁側から目打ちで押し込む。

13 花弁を裏に返し、ペップが抜けないよう外側の根元にボンドで固定する。

14 4×4cmの布を丸く切り、0.5cmの縫い代をとり、糸2本取りで布端を縫う。針は表側に出す。

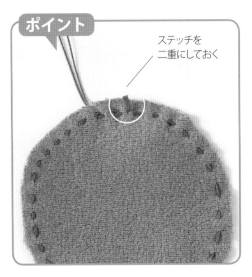

ポイント

ステッチを
二重にしておく

布を強く絞り引くため、縫い端のステッチを2
重にしておく。

**15** 布の中心にがくの厚紙（型紙）を入れ、強く絞る。

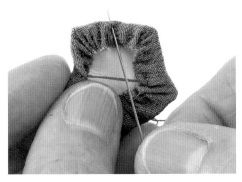

**16** 中に入れた厚紙のくぼみの位置に合わせて対角線上に糸を渡す。

**17** 糸を強く引き、がくの形をきれい出す。

**18** 花弁の裏側にがくを縫いつける。

**19** 完成。複数作るときは、しべの長さを統一させるときれいに仕上がる。

➡ P.22、23

# 朝顔

布を立体的に縫い合わせる作り方。花弁の天面にモール、花芯はひもの中に針金を入れることで、綿などを入れなくても立ち上がり、ふんわりきれいに仕上がります。

〈材料 1個分〉

花弁 ちりめん（ぼかし）／6枚（7.5×8.5cm）
がく ちりめん（緑）／1枚（6×8cm）
葉　 ちりめん（緑）／1枚（5×10cm）
しべ 打ちひも（黄 太さ0.2cm）／14cm、針金（#24）／14cm
蔓　 打ちひも（緑 太さ0.1cm）／18cm、針金（#28）／18cm
モール／21cm

下準備：型紙を作る。花弁と葉のちりめんに接着芯を貼る。

※実物大型紙はP.118　※写真は、わかりやすく赤い糸を使用しています。

## 花弁を作る

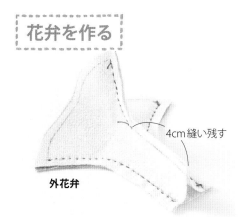

4cm縫い残す

外花弁

四つ止め

**01** 内花弁3枚、外花弁3枚をそれぞれ縫い合わせて輪にする。外花弁の軸1ヶ所は4cmほど縫い残す。

**02** 内花弁、外花弁を中表に合わせ、縫い合わせの3ヶ所を四つ止め（P.56参照）する。

### ポイント

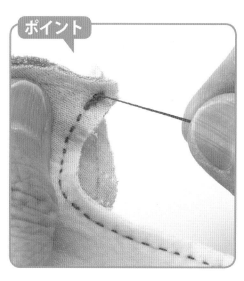

内花弁、外花弁を縫い合わせるとき、外花弁側から針を入れると玉止めが目立ちにくくなる。

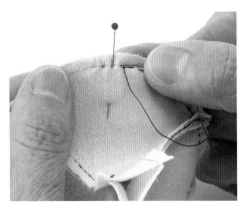

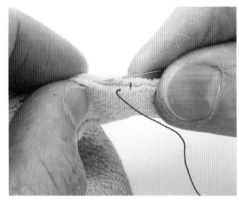

**03** 布がずれないようにまち針で止め、内花弁と外花弁を縫い合わせる。

**04** 表に返し、花弁の外周と同じサイズに曲げて輪にしたモールを花弁に入れる。

**05** 01で縫い残した部分を縫いとじる。

---

しべを作る

がくを作る

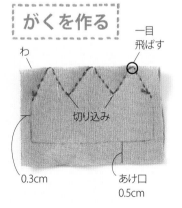

わ
一目飛ばす
切り込み
0.3cm
あけ口
0.5cm

**06** 黄の打ちひもに針金を通し、両端をボンドで固定する。中心でひと結びして花弁の中に入れ、両端は1cm折り返して軸の部分に縫いとめる（07の写真参照）。

**07** 花弁ができたところ。しべが花弁から少しのぞく程度に調整する。

**08** 布を中表二つ折りにし、わにがくの先をつけて型紙の印をつけ、山の部分だけ半返し縫いする。このとき、がくの先は一目飛ばして本返し縫いする。縫い代を0.3cm、あけ口は0.5cmつけて布をカットする。谷の部分に切り込みを入れておく。

**09** 布を縦に開き、08で縫い残した両端を合わせて縫う。

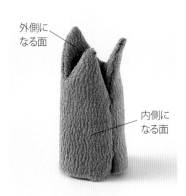

外側になる面

内側になる面

**10** 09を表に返し、目打ちなどで葉の先まで布を伸ばす。このとき、表に出ている面は、花弁と縫い合わせた後にひっくり返して内側になる。

葉を作る

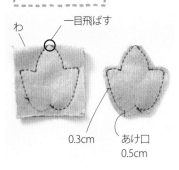

わ　一目飛ばす

0.3cm　あけ口 0.5cm

**11** 布を中表二つ折りにし、わに葉の先をつけて型紙の印をつけ、あけ口を除いて半返し縫いで縫う。このとき、葉の先は一目飛ばして本返し縫いする。縫い代を0.3cm、あけ口は0.5cmつけて布をカットする。

**12** 表に返して、あけ口を縫いとじる。

蔓を作る

**13** 緑の打ちひもに針金を通し、両端をボンドで固定する（P.70の06参照）。半分に曲げて、片方の先端を葉の根元に入れてボンドで固定する。

蔓

裏

ここに花弁の根元を縫いとめる

**14** 葉と蔓の曲げた部分をがくに差しこみ、がくの底を縫って絞る。

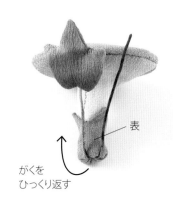

がくをひっくり返す

表

**15** がくの根元と花弁の根元を縫い合わせてから、がくをひっくり返す。葉と蔓を曲げて、がくに添わせる。

**16** 蔓を目打ちなどに巻きつけて、くるくると形を作る。

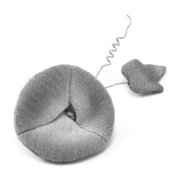

**17** 花に添わせて、葉と蔓の位置を整えたら完成。

➡ P.10、11

# 藤

四角い布から作る「くくり花」の作り方。藤の花のようにいくつもつなぐものや、モチーフとモチーフの間に入れる飾りとしても活用できます。

〈材料 枝・蔓各1本、花12個分〉

**花弁** ちりめんまたは平絹（紫）／3枚（3×3cm）　2枚（3.5×3.5cm）
　　　2枚（4×4cm）　2枚（4.5×4.5cm）　2枚（5×5cm）　1枚（6×6cm）
リリアン／30cm
**葉** ちりめん（黄緑）／5枚（3×11cm）
**枝** 打ちひも（太さ0.1cm）／18cm、針金（#26）／18cm×1本、
　　　8cm×2本
**蔓** 打ちひも（太さ0.1cm）／18cm、針金（#26）／18cm
下準備：型紙を作る。葉のちりめんに接着芯を貼る。
※実物大型紙はP.117　※写真は、わかりやすく赤い糸を使用しています。

## 花（くくり花）を作る

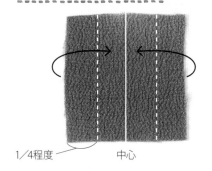

1／4程度　　中心

**01** 正方形の布の両端1/4程度を中心に向かって折る。このとき、布端が0.1cm程度重なるようにする。

表

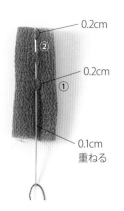

0.2cm
② 
0.2cm
①
0.1cm
重ねる

**02** 重ねた中心を表に出ないように0.2cmほどすくい（①）、布端0.2cmのところをもう一度すくう（②）。

裏

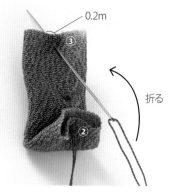

0.2m
③
折る
②

**03** 裏に返し、反対の布端0.2cmのところに針を入れ（③）、中心に向かって糸を引き、正方形に折りたたむ。

**04** 糸を渡しながら正方形の四辺の中心をすくう。

最後のひと針縫う

**05** 糸を引き、花の形を作る。花の中心を、最後の糸の反対側からひと針縫って完全に絞る。

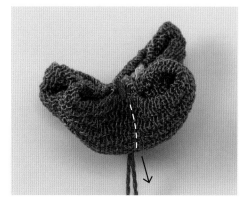

**06** 花の中心で玉止めし、下に強く引いて玉を引き入れ糸を切る。

**07** リリアンを針に通して糸端を玉結びし、小さい花から順に下向きにつなげる。

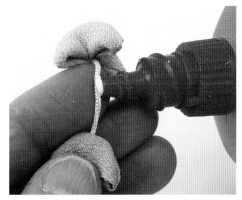

**08** 大小12個の花をつなげたら、18cmの長さに花が均等につくようにボンドで固定する。

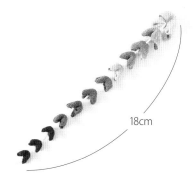

18cm

**09** 花ができたところ。花の布はグラデーションにするとより美しく仕上がる。

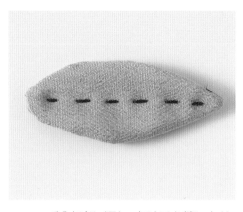

**葉と蔓を作る**

**10** 布を中表二つ折りにし、わに葉の先をつけて型紙の印をつけ、あけ口を除いて半返し縫いする。このとき、葉の先は一目飛ばして本返し縫いする。縫い代を0.3cm、あけ口は0.5cmつけて布をカットする。

**11** 10を表に返し、あけ口を縫いとじ、葉脈の刺繍をする。これを5枚作る。

**12** 葉の根元に8cmの針金を入れ、ボンドで固定する。これを2枚作る。残りの3枚のうち1枚は、18cmの打ちひもに針金を入れて両端をボンドで固定したもの（P.70の06参照）を入れ、小枝の芯にする。

**13** 小枝を作る。小枝の芯に目打ちで穴を開け、葉に入れた針金を通し、ボンドをつけて固定する。通した針金にボンドをつけ、残りの葉を差し込む。小枝を2本作る。

**14** 蔓を作る。緑の打ちひもに18cmの針金を通し、両端をボンドで固定する。目打ちの先にクルクルと巻いて蔓を作る。

**15** 完成。花や枝を何本も作ってまとめると、より華やかに。

# ちりめん細工・モチーフの作り方

イラストや写真を交え、掲載モチーフ20種のうちここでは16種の作り方を紹介。
詳しくは、P.54「ちりめん細工の基本手順とポイント」と、モチーフの基本型である
P.59〜の椿の作り方、桜の作り方をご覧ください。

※各モチーフの作り方は、型紙を作る、ちりめんに接着芯を貼るという工程を
省いているので、あらかじめ下準備をしてから始めてください。

# 花水木 ➡ P.8、9　実物大型紙 P.116　P.65「桜の作り方」参照

〈材料〉

**花弁** ちりめん(白又は朱ぼかし)／4枚(4.5×10cm)

**花芯** ちりめん(黄緑)／1枚(3×3cm)

**がく** ちりめん(緑)／1枚(4×4cm)

手芸綿、厚紙

下準備:型紙を作る。花弁のちりめんに接着芯を貼る。

〈作り方〉

**1** 花弁を作る。布を中表二つ折りにし、型紙の印をつける。縫い止まりの印より先だけを半返し縫いで縫う。花弁の先は一目飛ばして本返し縫いする。縫い代を0.3cm、あけ口は0.5cmつけて布をカットする。

**2** 4枚の花弁の外花弁と内花弁それぞれ中表に合わせ、**1**で残した縫い止まりの印より先の部分を縫い合わせ、花弁4枚を輪にする。

**3** 花弁の先に少量の綿を入れ、糸2本取りで花弁の根元を内花弁、外花弁を一緒にぐるりと縫って絞る。このとき花弁中央は長めに糸を渡し、タックを深く寄せる。

**4** 花芯を作る。布を丸く縫い、少量の綿を詰めて内花弁の中心に縫いつける。

**5** がくを作る。がくの形に切り取った厚紙(型紙)に、十字に折り目をつけてくぼみを作る。角を落とす程度に布を丸くカットし、糸2本取りで丸く縫う。中心に型紙を入れやや強めに絞って玉止めする。裏から厚紙のくぼみの位置に針を入れ、対角線状に糸を渡しながら縫って引き絞り、がくの形を作る。花弁の裏に縫いつける。

花弁

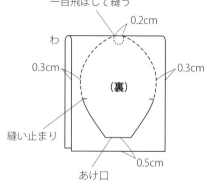

花弁の先をわにつけて印をつけ、一目飛ばして縫う

0.2cm

わ

0.3cm　(裏)　0.3cm

縫い止まり

0.5cm

あけ口

花芯

丸く縫い、綿を入れて絞る

布は直径3cm

# 牡丹 ➡ P.12、13　実物大型紙 P.119　P.59「椿の作り方」参照

〈材料〉
**花弁大・中・小** ちりめん（赤紫又は白、海老茶）／各5枚（大7×13cm、中6×12cm、小5×11cm）
**花芯** ちりめん（黄）／1枚（11×4.5cm）
**がく** ちりめん（白緑）／1枚（16×6cm）
**葉** ちりめん（緑）／2枚（8×20cm）

モール／15cm×5本、12cm×5本、10cm×5本
針金（#26）／18cm×2本、手芸綿

下準備：型紙を作る。花弁と葉のちりめんに接着芯を貼る。

〈作り方〉

1　花弁大・中・小を作る。布を中表二つ折りにし、型紙の印をつける。あけ口以外の部分を半返し縫いする。縫い代を0.3cm、あけ口は0.5cmつけて布をカットする。花弁の先のくぼみに切り込みを入れて表に返す。モールを花弁の中に丸くして入れ、端を花弁の根元にボンドでとめる。これを大、中、小各5枚ずつ作る。

2　花芯を作る。布の短い辺の左右に0.5cmの縫い代をつけ、長い辺は5等分して2cmごとに印をつける。布を中表二つ折りにし、布端を縫って輪にする。糸2本取りで印の位置をつまんで小さくすくい縫い、絞って玉止めをする。

3　花弁を縫いつける。小、中、大の順に花芯のまわりに縫いつける。花芯の中に少量の綿を入れ0.5cmの縫い代でぐし縫いして絞る。

4　葉を作る。布を中表二つ折りにし、型紙の印をつける。あけ口以外の部分を布端から半返し縫いする。葉の先は一目飛ばして本返し縫いする。縫い代を0.3cm、あけ口は0.5cmつけて布をカットする。葉の先のくぼみに切り込みを入れて表に返す。これを2枚作る。針金を半分に折り広げて葉の中に入れ、葉の根元に0.5cm折り曲げる。葉に葉脈の刺繍をして、花弁の裏に縫いつける。これを2枚作る。

5　がくを作る。布の長い辺をそれぞれ内側に折り、アイロンで折り目をつける。3cm間隔で5つの山ができるようにジグザグに印をつける。一旦広げ、短い辺を中表に合わせて縫い代を0.5cmつけて半返し縫いし、輪にする。表に返し、印に沿ってぐし縫いして絞る。糸2本取りで、花弁の根元にがくを縫いつける。

**花弁・小**

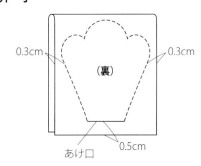

0.3cm　（裏）　0.3cm
あけ口　0.5cm

**花弁の縫いつけ方**

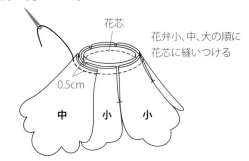

花芯
花弁小、中、大の順に花芯に縫いつける
0.5cm
中　小　小

**がく**

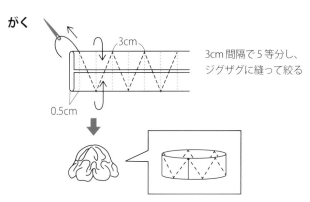

3cm
0.5cm
3cm間隔で5等分し、ジグザグに縫って絞る

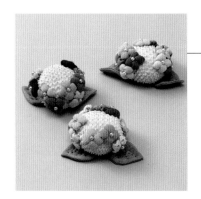

# 紫陽花 ➡ P.14、15  実物大型紙 P.118

〈材料〉
花弁 ちりめん(青紫)／11枚(4×4cm)
葉 ちりめん(深緑)／2枚(4×10cm)
底布 ちりめん(黄緑)／1枚(5×5cm)
土台布 ちりめん(白)／1枚(直径13cmの円形
または絞り布6.5cm)

パールビーズ(3mm)／11個
キルト綿(または手芸綿)／11枚(2×2cm)
厚紙、手芸綿、布用着色ペン

下準備:型紙を作る。葉のちりめんに接着芯を貼る。

〈作り方〉

**1** 葉を作る。布を中表二つ折りにし、型紙の印をつける。あけ口以外の部分を半返し縫いする。葉の先は一目飛ばして本返し縫いする。縫い代を0.3cm、あけ口は0.5cmつけて布をカットし、表に返して葉脈を刺繍する。これを2枚作る。

**2** 土台を作る。土台布の周囲を糸2本取りでぐし縫いし、綿を入れて膨らませてから、厚紙(型紙)を入れて絞る。葉を土台の底に縫いつける。底布も同様に周囲を糸2本取りでぐし縫いし、厚紙を入れて絞り土台の底に縫いつける。

**3** 花弁を作る。正方形の布の角を0.5cm斜めにカットして落とす。0.3cm内側を糸2本取りで1周縫い、綿を入れて絞り玉止めする。そのまま花弁の中心に出し、十字に糸を掛ける。裏で一旦玉止めし、中心に針を戻し、ビーズ1個を縫いつける。これを11個作る。

**4** 土台に布用の着色ペンで色をつける。待ち針でバランスよく花弁をとめて糸2本取りで、土台に縫いつける。

葉　葉の先をわにつけて印をつけ、一目飛ばして縫う

わ
0.3cm　　0.3cm
(裏)
0.5cm
あけ口

**土台の作り方**

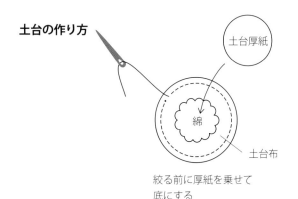

土台厚紙
綿
土台布

絞る前に厚紙を乗せて
底にする

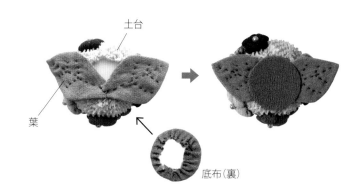

土台
葉
底布(裏)

**花弁の作り方** ※写真は、わかりやすく赤い糸を使用しています。

**1** 布の角を切り落とし、糸2本取りでぐし縫いをしてキルト綿を入れる。

絞った糸を裏から中心に出す （裏）

**2** 糸を絞り、玉止めして裏から花の中心に針を出す。

（裏）

**3** 表の糸を裏に回し、絞り目を1針刺す。

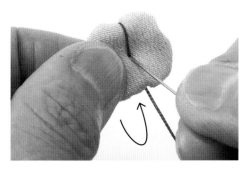

**4** 糸を裏から表に回し、中心に刺し戻す。

**5** 同様に糸を十字に掛ける。このとき、強めに糸を引くと立体感が出る。

**6** 最後に裏で玉止めして花の中心に針を出し、ビーズを通す。

**7** 針を中心に差し戻してビーズをとめ、裏で玉止めして完成。全部で11個作り、土台布に縫いつける。

# 百合 ➡ P.16〜19　実物大型紙 P.120　P.59「椿の作り方」参照

〈材料〉
花弁① ちりめん（白またはピンクなど）／3枚（6×20cm）
花弁② ちりめん（白またはピンクなど）／3枚（5×20cm）
がく ちりめん（緑）／1枚（16×6cm）
めしべ ちりめん（緑）／1枚（直径2cmの円形）

おしべ ちりめん（朱色）／6枚（1×1.5cm）

打ちひも（白緑 太さ0.2cm）／7cm
打ちひも（白 太さ0.1cm）／6cm×6本
針金（#26）／10cm×6本、（#22）7cm、（#28）6cm×6本
手芸綿

下準備：型紙を作る。花弁のちりめんに接着芯を貼る。

〈作り方〉

**1** 花弁を作る。布を中表二つ折りにし、型紙の印をつける。あけ口以外の部分を半返し縫いする。花弁の先は一目飛ばして本返し縫いする。縫い代を0.3cm、あけ口は0.5cmつけて布をカットし、表に返す。花弁①②を3枚ずつ作る。

**2** 花弁の中に針金（#26）を入れ、縦二つ折りにして外花弁中央に巻きかがりで固定する。花弁①の根元をぐし縫いし、3枚を輪につなげて絞る。花弁②を、花弁①の間に隙間ができないように縫いつける。

**3** めしべを作る。少量の綿を入れ、布端を入れこみながら縫い絞る。縫った糸をかけて3分割する。このとき、糸は切らずに残す。

**4** 目打ちで**3**の底に穴をあける。白緑の打ちひもに針金（#22）を通し、両端をボンドで固定し、打ちひもの先に、少量のボンドをつけて穴に差し込む。残した糸で打ちひもに縫いとめる。

**5** おしべを作る。白の打ちひもに針金（#28）を通し、両端をボンドで固定する。布に薄くボンドをつけて、打ちひもの先端に巻きつけて貼る。布端0.5cmを斜めに細くカットする。これを6本作る。

**6** めしべの周りにおしべ6本の根元を糸で巻きつける。花弁の中心に目打ちで穴をあけて差し込み、裏から花の根元にボンドで固定する。

**7** がくを作る。布の長い辺をそれぞれ内側に折り、アイロンで折り目をつける。2.5cm間隔で6つの山ができるようにジグザクに印をつける。一旦広げ、短い辺を中表に合わせて縫い代を0.5cmで半返し縫いして、輪にする。表に返し、印に沿ってぐし縫いして絞る。糸2本取りで、花弁の根元にがくを縫いつける。

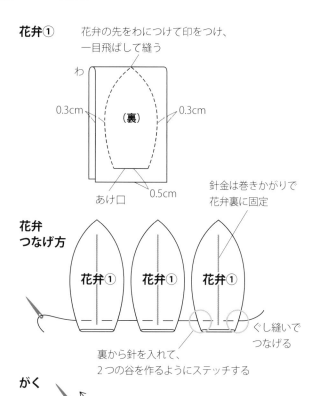

花弁①
花弁の先をわにつけて印をつけ、一目飛ばして縫う
わ
0.3cm　0.3cm
（裏）
あけ口　0.5cm

針金は巻きかがりで花弁裏に固定

花弁つなげ方
花弁①　花弁①　花弁①
裏から針を入れて、2つの谷を作るようにステッチする
ぐし縫いでつなげる

がく
0.5cm
2.5cm間隔で6等分し、ジグザグに縫って絞る

# クレマチス ➡ P.20、21 ｜実物大型紙｜ P.117

**P.59「椿の作り方」参照 がくの作り方はP.67参照**

## 〈材料〉

**花弁** ちりめん(紫)／6枚または8枚(3×9cm)
**花芯①** ちりめん(黄緑)／1枚(直径2.5cmの円形)
**花芯②** ちりめん(黄土)／1枚(直径3cmの円形)
**がく** ちりめん(黄緑)／1枚(4×4cm)
厚紙

下準備:型紙を作る。花弁のちりめんに接着芯を貼る。

## 〈作り方〉

**1** 花弁を作る。布を中表二つ折りにし、型紙の印をつける。あけ口以外の部分を半返し縫いする。花弁の先は一目飛ばして本返し縫いする。縫い代を0.3cm、あけ口は0.5cmつけて布をカットし、表に返す。花弁を縦半分に折り、花弁の根元を糸2本取りで縫いつなげて絞り、輪にする。これを6枚または8枚作る。

**2** 花芯を作る。花芯①の布を丸くぐし縫いし、厚紙(型紙)を入れて縫い絞る。花芯②の布端を0.3cm折り込みながら黄緑の糸2本取りでぐし縫いし、①を包んで絞る。②を花弁の中心に縫いつける。

**3** がくを作る。角を落とす程度に布を丸く切り、糸2本取りで丸く縫う。中心に厚紙を入れてやや強めに絞り、玉止めする。裏から針を入れ、5つのくぼみそれぞれに糸を対角線状に渡しながら縫って絞りがくの形を作る。花弁の裏に縫いつける。

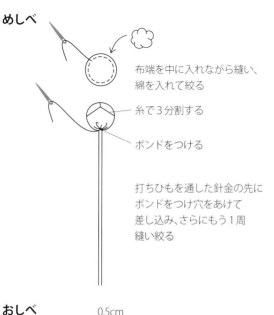

**めしべ**

布端を中に入れながら縫い、綿を入れて絞る

糸で3分割する

ボンドをつける

打ちひもを通した針金の先にボンドをつけ穴をあけて差し込み、さらにもう1周縫い絞る

**おしべ**

0.5cm

両端をボンドで固定してから先端の布を貼り、斜めにカットする

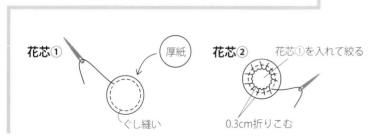

**花芯①**

厚紙

ぐし縫い

**花芯②**

花芯①を入れて絞る

0.3cm折りこむ

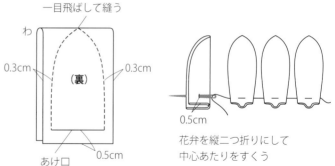

**花弁** 花弁の先をわにつけて印をつけ、一目飛ばして縫う

わ

0.3cm

(裏)

0.3cm

あけ口

0.5cm

0.5cm

花弁を縦二つ折りにして中心あたりをすくう

# 槿 ➡ P.26、27　実物大型紙 P.121　P.59「椿の作り方」参照

◆槿〈材料〉
花弁・大 ちりめん（薄ピンク、または白、紫）／5枚（5.5×11cm）
花弁・中 ちりめん（赤紫）／1枚（10×3cm）
がく ちりめん（薄緑）／1枚（13×5cm）
葉 ちりめん（濃緑）／1枚（5.5×15cm）

針金（#24）／7cm
モール／12cm×5本
ペップ／5本

下準備：型紙を作る。花弁と葉のちりめんに接着芯を貼る。

〈作り方〉

**1** 花弁・大を作る。布を中表二つ折りにし、型紙の印をつける。あけ口以外の部分を半返し縫いする。縫い代を0.3cm、あけ口は0.5cmつけて布をカットする。表に返し、モールを花弁の形に曲げ入れ、端を花弁の根元にボンドでとめる。これを5枚作る。花弁を半分ずつ重ねて糸2本取りでぐし縫いし、5枚を輪にして縫い絞る。

**2** 花弁・中を縫う。布の短い辺の端0.5cmを縫い合わせて筒状にし、縫い代を割って表に返す。半分に折り布端を合わせ、糸2本取りで縫い絞る。これを**1**の中心に縫いつける。

**3** しべを作る。ペップを数本ずつ長さを変えて半分に折り曲げ、根元を糸で巻いて結び、花弁・中の中心に差し込んでボンドで固定する。

**4** 葉を作る。布を中表二つ折りにし、わに葉の先がつくように型紙の印をつける。あけ口以外の部分を布端から半返し縫いする。葉の先は一目飛ばして本返し縫いする。縫い代を0.3cm、あけ口は0.5cmつけて布をカットし、表に返す。針金（#24）を入れて葉の裏中央に巻きかがりで固定し、花弁の裏に縫いつける。

**5** がくを作る。布の長い辺をそれぞれ内側に折り、アイロンで折り目をつける。縫い代を0.5cmつけ、2.4cm間隔に5つの山ができるようにジグザクに印をつける。一旦広げ、短い辺を中表に合わせて半返し縫いし、輪にする。表に返し、印に沿ってぐし縫いして絞る。糸2本取りで、花弁の根元にがくを縫いつける。

## 花弁・大 共通

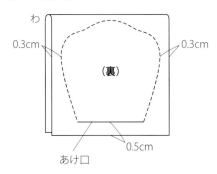

わ
0.3cm　0.3cm
（裏）
0.5cm
あけ口

## 花弁・大つなげ方 共通

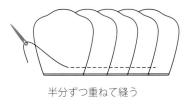

半分ずつ重ねて縫う

## 花弁・中共通

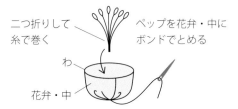

二つ折りして糸で巻く
ペップを花弁・中にボンドでとめる
わ
花弁・中

# ハイビスカス ➡ P.24、25 〔実物大型紙〕 P.121 〔P.59「椿の作り方」参照〕

## 〈材料〉
※花弁、がく、モールは槿と同じ
**しべ** 針金（#24）／4cm
打ちひも（太さ0.2cm）／4cm
ペップ／5本（うち4本を半分に切って1本＋8本
にする）

下準備：型紙を作る。花弁のちりめんに接着芯を貼る。

## 〈作り方〉
※しべ以外は槿と共通、葉はなし
しべを作る。ペップ1本の根元と針金を1cm重ねてボンドで貼
る。乾いたら、打ちひもに差し込みボンドで固定する。残りのペッ
プ8本を根元につけて糸で巻いて束ね、ボンドで固定する。

**しべ** ※花弁・中は共通

打ちひも　針金　ペップ1本

針金とペップ1本をボンドでつなげて打ちひもに入れる

⬇

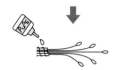

残り8本とまとめて根元を糸で巻きボンドで固定

**がく 共通**

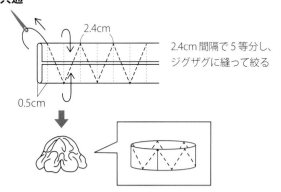

2.4cm

0.5cm

2.4cm 間隔で5等分し、
ジグザグに縫って絞る

# 蓮 ➡ P.28、29  実物大型紙 P.122

〈材料 それぞれ1個分〉

**花弁・小** ちりめん(花ピンクぼかし)／外花弁5枚(7×5cm)、内花弁5枚(5×4cm)

**花弁・大** ちりめん(花ピンクぼかし)／外花弁6枚(8.5×5.5cm)、内花弁6枚(7×5cm)

**がく・大** ちりめん(緑)／1枚(4.5×4.5cm)

**花芯・上** ちりめん(黄緑)／1枚(直径3.5cmの円形)

**花芯・軸** ちりめん(黄)／1枚(7×3cm)

**つぼみ** ちりめん(ピンクぼかし)／花弁・大と同じサイズを各3枚

**がく・小** ちりめん(緑)／1枚(3×3cm)

**葉** ちりめん(緑)／1枚(10cmの円形)

**モール**／30cm

キルト綿、手芸綿、厚紙

下準備:型紙を作る。花弁と葉のちりめんに接着芯を貼る。

〈作り方〉

**1** 花弁を作る。外花弁と内花弁の布を中表にし、先端と両端を待ち針でとめ、あけ口を残して縫う。大6枚、小5枚作る。先端が尖るように、角の縫い代を直角に折り指で押さえて表に返す。

**2** 綿を入れ、糸2本取りで外花弁と内花弁のあけ口を2枚一緒にぐし縫いしてとじる。糸を切らず同様に花弁を縫いつなげ、糸を絞って玉止めする。このとき、針は外花弁側から入れ、外花弁側に出す。花弁・大、花弁・小それぞれを輪にする。

**3** 花弁・大の上に花弁・小を重ねて縫い合わせる。

**4** 花芯を作る。花芯・上は、布を丸くぐし縫いし、キルト綿、厚紙(型紙)の順に重ねて包んで絞る。表側にフレンチノットステッチで刺繍する。花芯・軸は、布の短い辺を中表に合わせ、端0.5cmを縫って筒状にする。底を1周縫って、きつく絞り表に返す。少量の綿を入れ、天面を同様に縫う。少しゆるめに絞って花芯・上を縫い合わせ、**3**の中央に縫いつける。

**5** がく・大を作る。布端0.3cmをぐし縫いし、厚紙を包んで絞る。花の裏に縫いつける。

**6** つぼみを作る。花弁・大を3枚作り、綿を入れて花弁と同様につなげ、先端3つを縫いとめる。がく・小を作り、底に縫いつける。

**7** 葉を作る。布を中表にし、あけ口以外の部分を縫い代0.5cmで半返し縫いする。表に返し、モールを輪にして中に入れる。あけ口をとじ、葉脈を刺繍する。

## 花芯の作り方

**花芯・上**

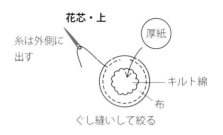

糸は外側に出す

厚紙

キルト綿

布

ぐし縫いして絞る

**花芯・軸**

フレンチノットステッチで刺繍する

花芯・上

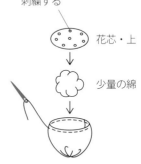

少量の綿

天面はゆるく絞って、花芯・上を縫いつける

**花弁・大の作り方**　※写真は、わかりやすく赤い糸を使用しています。

**1** 外花弁と内花弁の先端と両端を中表にしてまち針でとめる。

**2** あけ口以外を縫う。

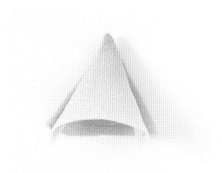

**3** 表に返す。

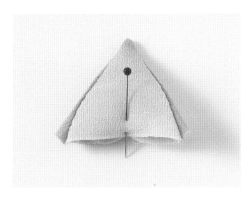

**4** 少量の綿を入れる。中心にまち針をとめておくと縫いやすくなる。これを6枚作る。

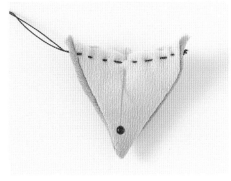

**5** あけ口を縫う。外花弁の方が大きいので少し膨らませるように均等に針を運ぶ。針は外花弁側から入れ、外花弁側に出す。

**6** あけ口をとじながら花弁を縫いつなげる。

**7** 6枚を輪にして絞り、玉止めする。

**8** 同様に花弁・小も作り、大と小を重ねて縫う。

  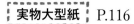

# 撫子 ➡ P.37　実物大型紙 P.116　P.65「桜の作り方」参照

〈材料〉
**花弁** ちりめん（桃）／5枚（4×8cm）
**がく** ちりめん（緑）／1枚（3×3cm）
**しべ** 打ちひも（白 太さ0.2cm）／6cm

針金（#24）／6cm
針金（#28）／4cm×5本
厚紙

下準備：型紙を作る。花弁のちりめんに接着芯を貼る。

〈作り方〉

**1** 花弁を作る。布を中表二つ折りにし、型紙の印をつける。縫い止まりの印より先の部分を半返し縫いで縫い合わせる。縫い代を0.3cm、あけ口は0.5cmつけて布をカットする。外花弁、内花弁をそれぞれ中表に合わせて根元を縫い、5枚を輪にして表に返す。針金（#28）を、先が突き出さないよう小さく折り曲げ、少量のボンドをつけて花弁中央の先に入れて固定する。糸2本取りで、花弁中心を縫い絞る。

**2** しべを作る。打ちひもに針金（#24）を通し、両端をボンドで固定する。これを半分に折り曲げて根元を糸でくくりボンドをつける。花弁の中心に目打ちで穴をあけ、差し込み固定する。しべの先を目打ちで丸く曲げる。

**3** がくを作る。布を丸くカットし、糸2本取りで布端を縫う。中心に厚紙（型紙）を入れてやや強めに絞り、玉止めする。裏から厚紙のくぼみの位置に針を入れ、対角線状に糸を渡しながら縫って引き絞り、がくの形を作る。花弁の裏に縫いつける。

**花弁**
花弁の先を全部わにつけて印をつけ、一目飛ばして縫う

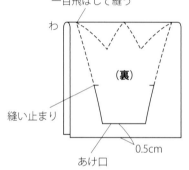

わ
（裏）
縫い止まり
0.5cm
あけ口

**花弁のつなげ方**

根元部分を縫って5枚つなげる

針金を入れた花弁の中心を
糸2本取りで縫い絞る

# 芒　➡ P.32　実物大型紙　P.126

〈材料 2本分〉
穂 ちりめん(白)／1枚(8×10cm)
葉・大 ちりめん(緑)／2枚(3×15cm)
葉・小 ちりめん(緑)／2枚(3×12cm)
茎 ちりめん(緑) 1cm幅のバイアス／33cm

針金　穂(#28)／10cm×10本
　　　葉(#26)／大15cm、小12cm(各1本)
　　　茎(#22)／大19cm、小17cm(各1本)
両面接着シート

下準備:型紙を作る。

〈作り方〉

**1** 穂を作る。布端から0.5cmまで縦糸を抜き、0.3cm残して布をカットする。針金(#28)の先にボンドをつけ、穂先が上に向くように貼る。針金全体にボンドをつけ、くるくる回しながら穂を巻きつける。これを10本作る。

**2** 茎を作る。穂5本を針金(#22)大の先に糸で巻いてとめ、針金にボンドをつけてバイアスを斜めに巻く。残り5本の穂は針金(#22)小を同様に巻く。

**3** 葉を作る。葉の布の片方に両面接着シートをつけ、中心に針金(#26)を挟んで2枚を貼り合わせる。葉の形にカットして、茎に葉の根元をボンドで巻いて貼る。大を1枚、小を1枚作る。

## 穂の貼り方

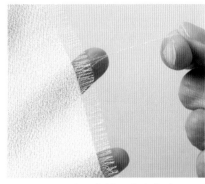

**1** 0.5cmまで生地の糸を抜く。

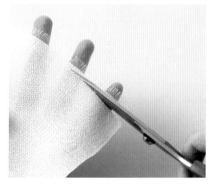

**2** 糸を抜いた位置から0.3cm残して切る。

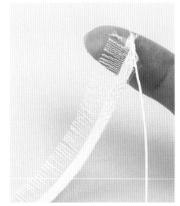

**3** 穂先が上を向くように針金の先端だけにボンドをつけ、穂先をつける。

**4** 針金全体にボンドをつけ、穂をくるくると巻いていく。

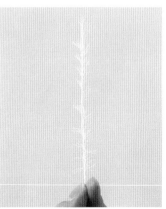

**5** 布が重ならないように貼ると穂が立ち上がり、きれいに仕上がる。

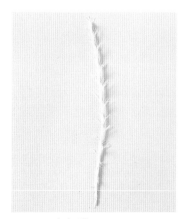

**6** できあがり。

# 桔梗 ➡ P.33 ┊実物大型紙┊ P.121 **P.65「桜の作り方」参照**

〈材料〉

**花弁** ちりめん（紫）／5枚（4.5×9cm）
**しべ** ちりめん（黄）／2枚（2×2.5cm）
**がく** ちりめん（黄緑）／1枚（3×3cm）

針金（#24）／14cm
打ちひも（白 太さ0.2cm）／14cm
手芸綿、厚紙、両面接着シート

下準備：型紙を作る。花弁のちりめんに接着芯を貼る。

〈作り方〉

**1** 花弁を作る。布を中表二つ折りにし、型紙の印をつける。縫い止まりの印より先の部分を半返し縫いで縫い合わせる。縫い代を0.3cm、あけ口は0.5cmつけて布をカットする。5枚の花弁の外花弁と内花弁の根元を縫い合わせ、花弁5枚を輪にする。表に返し、花弁の先に薄く綿を入れる。

**2** 花芯を作る。打ちひもに針金を通し5等分してカットし、両端それぞれにボンドをつける。5本をまとめ、根元にボンドをつけて糸を巻いて絞り束にする。先端を目打ちで軽く外側に曲げる。

**3** しべを作る。布2枚を両面接着シートで張り合わせ、厚紙（型紙）どおりにカットして**2**の周囲にボンドで貼りつける。

**4** 花芯をつける。糸2本取りで裏から針を表に出し、内花弁、外花弁とも2枚一緒に縫い合わせた部分を5ヶ所小さくすくい、花弁にタックを寄せ、花芯を中央に挟んで縫い絞る。裏で玉止めして、内側から花芯を差し込み、裏でボンドでとめる。

**5** がくを作る。角を落とす程度に布を丸くカットし、糸2本取りで丸く縫う。中心に厚紙を入れやや強めに絞って玉止めする。裏から厚紙のくぼみの位置に針を入れ、対角線状に糸を渡しながら縫って引き絞り、がくの形を作る。花弁の裏に縫いつける。

## 花芯・しべ

布を貼り合わせて切ったしべを
糸で巻いた花芯に貼る

## 花芯のつけ方

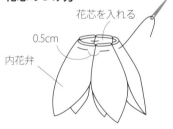

花芯を入れる
0.5cm
内花弁

一旦内花弁を外に向けて、糸2本取りで
花弁の縫い目を0.5cmすくい、
花芯を中央に挟み、
花弁を内向きに戻して糸を絞る

## 花弁

花弁の先を全部わにつけて印をつけ、
一目飛ばして縫う

縫い止まり

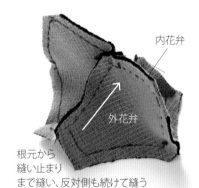

内花弁

外花弁

根元から
縫い止まり
まで縫い、反対側も続けて縫う

# 菊 ➡ P.36 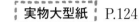 実物大型紙 P.124

〈材料〉
**花弁・大** ちりめん（濃黄）／6枚（5×5cm）
**花弁・中** ちりめん（黄）／6枚（4.5×4cm）
**花弁・小** ちりめん（薄黄）／6枚（4×3.5cm）
**花芯** ちりめん（黄緑）／3枚（4×4cm）
**葉** ちりめん（緑）／2枚（6×12cm）
**がく** ちりめん（黄緑）／1枚（16×6cm）

針金（#26）／6cm×2本
手芸綿

下準備：型紙を作る。花弁と葉のちりめんに接着芯を貼る。

〈作り方〉

**1** 花弁大・中・小を作る。花弁それぞれの布を中表二つ折りにし、あけ口を除いて半返し縫いで縫い合わせる。縫い代を0.3cm、あけ口は0.5cmつけて布をカットする。表に返して少量の綿を入れる。これを各6枚作る。

**2** 花芯の布3枚をあけ口を除いてドーム状に縫う。花芯の周囲に花弁・小をすき間なく縫いつける。その0.5cm下に花弁・中を縫いつけ、花芯の下端に花弁・大を縫いつける。それぞれの花弁が重ならないよう交互につける。

**3** 花芯に適量の綿を詰め、花弁が開き過ぎないように糸2本取りで小と中の花弁の根元を交互に一周縫い、根元が見えないように絞る。中と大の花弁も同様に縫って絞る。

**4** 葉を作る。布を中表二つ折りにし、わに葉の先がつくように型紙の印をつける。あけ口以外の部分を布端から半返し縫いで縫う。葉の先は一目飛ばして本返し縫いする。縫い代を0.3cm、あけ口は0.5cmつけて布をカットし、くぼみに切り込みを入れて表に返す。葉の表裏を合わせて、糸2本取りで葉脈を刺繍する。針金（#26）を入れて葉を半分に折り、巻きかがりで固定する。これを2枚作り、花弁の裏に縫いつける。

**5** がくを作る。布の長い辺をそれぞれ内側に折り、アイロンで折り目をつける。2.5cm間隔で6つの山ができるようにジグザクに印をつける。一旦広げ、短い辺を中表に合わせて縫い代0.5cmで半返し縫いし、輪にする。表に返し、印に沿ってぐし縫いして絞る。糸2本取りで花弁の根元を縫い絞り、がくを縫いつける。

**花弁の合わせ方**

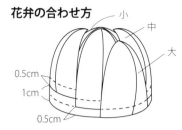

花芯の縫い目に合わせて花弁を6枚際間なく並べる。
広がって花弁・小、花弁・中の根元が見えないように縫う

**がくと花弁の合わせ方**

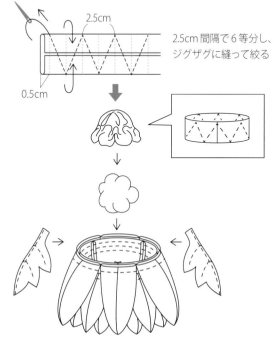

2.5cm間隔で6等分し、ジグザグに縫って絞る

葉を縫いつけ、綿を入れてあけ口を
絞ってからがくを縫いつける

# 大菊 ➡ P.34、35　実物大型紙 P.125　P.59「椿の作り方」参照

**〈材料〉**

**花弁大・小** ちりめん（白または黄）／大12枚（3×10cm）、小6枚（3×5cm）計15×40cm

**花芯** ちりめん（黄または白緑）／1枚（6.5cmの円形）

**葉** ちりめん（深緑）／2枚（8×20cm）

**がく** ちりめん（薄緑）／1枚（16×5cm）

モール／20cm×12本、10cm×6本

針金（#26）／10cm×2本

手芸綿

下準備：型紙を作る。花弁と葉ちりめんに接着芯を貼る。

**〈作り方〉**

**1** 花弁を作る。下図を参考に布をカットし、布を中表二つ折りにし、印をつける。あけ口以外の部分を布端から半返し縫いで縫う。縫い始めと縫い終わりは1針返す。縫い代を0.5cmつけて布をカットする。表に返し、二つ折りしたモールをわの方から入れ、布とモールの長さを揃える。これを大12本、小6本作る。大12本を糸2本取りで縫い目を下に輪につなげ、小6本を等間隔に上に乗せて縫いつける（図A参照）。

**2** 花芯を作る。布を糸2本取りで丸く縫い、適量の綿を入れて絞る。12等分に糸をかけ、花弁中心に縫いつける。

**3** 葉を作る。布を中表二つ折りにし、型紙の印をつける。あけ口以外の部分を布端から半返し縫いで縫う。葉の先は一目飛ばして本返し縫いする。縫い代を0.3cmつけて布をカットし、葉のくぼみに切り込みを入れ、表に返す。葉の周りにしつけをかけ、針金（#26）を入れて巻きかがりで固定する。これを2枚作り、花弁の裏に縫いつける。

**4** がくを作る。布の長い辺をそれぞれ内側に折り、アイロンで折り目をつける。縫い代を0.5cmつけ、2.5cm間隔に6つの山ができるようにジグザクに印をつける。一旦広げ、短い辺を中表に合わせて縫い代をぐし縫いし、輪にする。表に返し、印に沿ってぐし縫いして絞る。糸2本取りで、花弁の根元にがくを縫いつける。

## 花弁の布の裁ち方

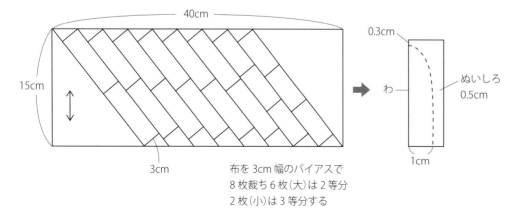

40cm

15cm

3cm

布を3cm幅のバイアスで8枚裁ち6枚（大）は2等分2枚（小）は3等分する

0.3cm

わ　ぬいしろ 0.5cm

1cm

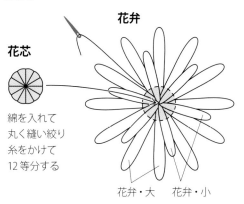

**花芯**

綿を入れて
丸く縫い絞り
糸をかけて
12等分する

**花弁**

花弁・大　　花弁・小

花弁・大を輪につないでから
上に花弁・小を1本づつ縫いつける

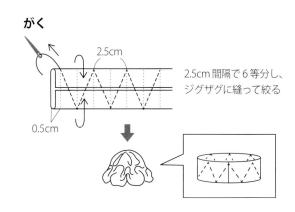

**がく**

2.5cm

0.5cm

2.5cm間隔で6等分し、
ジグザグに縫って絞る

## 葉の作り方

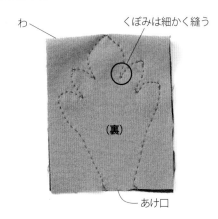

わ

くぼみは細かく縫う

（裏）

あけ口

**1** わに葉の先がつくように型紙の印を
つけて縫う。くぼみはV字に細かく針
を入れる。

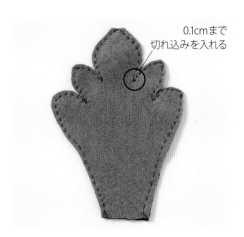

0.1cmまで
切れ込みを入れる

**2** 縫い代0.3cmでカットする。葉の先
は縫い代を少なく切り、くぼみはぎ
りぎりまで切り込み入れる。

**3** 表に返したところ。切り込みを入れ
てしつけをかけることで葉の曲線と
鋭角がきれいに出る。

# ポインセチア ➡ P.44、45 　実物大型紙　P.127 　P.59「椿の作り方」参照

**〈材料〉**

**苞** ちりめん（赤）／10枚（6×17cm）
**葉** ちりめん（深緑）／5枚（7×20cm）
**花弁①** ちりめん（黄土）／6枚（1.5×1.5cm）
**花弁②** ちりめん（黄緑）／6枚（2.2cmの円形）

針金（#26）／18cm×16本
フローラルテープ（茶）、手芸綿

下準備：型紙を作る。苞と葉のちりめんに接着芯を貼る。

**〈作り方〉**

**1** 苞・葉を作る。布を中表二つ折りにし、型紙の印をつける。あけ口以外の部分を部分を半返し縫いで縫い合わせる。苞の先は一目飛ばして本返し縫いする。縫い代を0.3cmつけて布をカットし、表に返してあけ口をとじる。針金（#26）の先を折り曲げて入れ、苞の裏中央に巻きかがりで固定する。苞を10枚、葉を5枚作る。

**2** 花弁を作る。①の布を丸くカットし、端0.2cmをぐし縫いする。中心に少量の綿を置いて絞り、丸くする(a)。②の布を端0.3cmを折りながら黄の糸2本取りでぐし縫いし、aを中に入れて絞る。これを6個作る。1個を中心にして残りの5個を周囲に縫いつける。中心のモチーフに目打ちで穴をあけ、針金（#26）をボンドをつけ差し込む。

**3** 苞5枚の根元を縫いつなげて輪にする。重ならないように残りの苞5枚と葉5枚を縫いつける。中心に目打ちで穴をあけ、花をつけた針金を差し込む。裏に残った苞、葉、花の針金を束ねてフローラルテープで巻く。

**(裏)**

フローラルテープで
巻く

**葉（深緑）**

花弁の先を全部わにつけて印をつけ、
一目飛ばして縫う

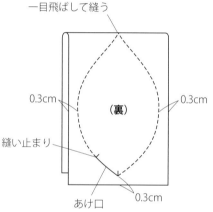

0.3cm　　　0.3cm
（裏）
縫い止まり
あけ口　　0.3cm

**苞（赤）**

花弁の先を全部わにつけて印をつけ、
一目飛ばして縫う

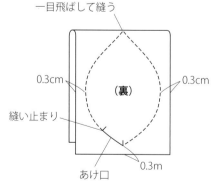

0.3cm　　　0.3cm
（裏）
縫い止まり
あけ口　　0.3m

**花弁の作り方**　※写真は、わかりやすく赤い糸を使用しています。

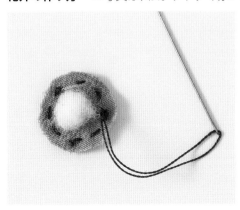

**1** 花弁①の布の端0.2cmをぐし縫いする。綿を入れて絞りボール状にする。

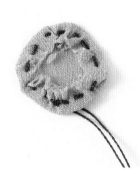

**2** 花弁②の布の端0.3cmを内側に折ってぐし縫いする。

**3** 1を入れて絞る。

**4** 同様に計6個作り、中心に1個、周囲に5個縫いつけ、半球型にする。

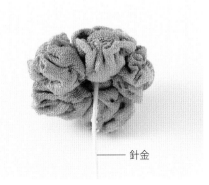

—— 針金

**5** 中心の花に目打ちで穴をあけ、ボンドをつけた針金を差し込む。

# 南天 ➡ P.46、47  実物大型紙 P.126

〈材料 枝1本、実5個分〉
**葉** ちりめん（緑）／9枚（3.5×12cm）
**実** ちりめん（赤）／5枚（3cmの円形）
**枝** 針金（#22）／24cm、（#26）／11cm×3本、18cm ×6本（実用5本、枝用1本）

打ちひも（焦げ茶 太さ0.2cm）／20cm、
打ちひも（焦げ茶 太さ0.1cm）／18cm×5本、
5cm×2本
ボンテン（または手芸綿）／5個（1.5cm）

下準備：型紙を作る。葉のちりめんに接着芯を貼る。

〈作り方〉

**1** 葉を作る。布を中表二つ折りにし、型紙の印をつける。あけ口以外の部分を半返し縫いで縫い合わせる。葉の先は一目飛ばして本返し縫いする。縫い代を0.3cmつけて布をカットし、表に返してあけ口をとじる。これを9枚作る。

**2** 中心の太い枝を作る。打ちひも（太さ0.2cm）に針金（#22）を通し、針金の上4cmを残してボンドで固定する。残った4cmの針金に葉に入れ、葉の裏を巻きかがりして固定する（**①**）。葉に針金（#26の11cm）を入れ、葉の裏を巻きかがりし、aの位置に目打ちで穴をあけ、針金を通してもう1枚葉をつけ、巻きかがりしボンドで固定する（**②**）（P.95参照）。

**3** 細い枝を作る。bの位置に目打ちで穴をあけ、針金（#26の18cm）を通して中央をボンドで固定する。針金に5cmの打ちひも（太さ0.1cm）を両側から通してボンドで固定し、葉を巻きかがりでつける。**2**と同様に残り2枚の葉をつける。小枝をバランスよく上に折り曲げ、根元を糸で巻いて固定する（**③**）（P.95参照）。

**4** 実を作る。布を丸く縫い、ボンテンを入れて絞る。打ちひも（太さ0.1cm）に針金（#26の18cm）を通し、ボンドで固定して実を先につける。これを5個作る（P.95参照）。

**葉**

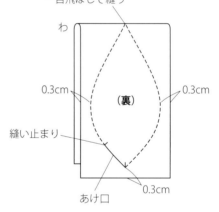

花弁の先を全部わにつけて印をつけ、
一目飛ばして縫う

わ

0.3cm

0.3cm

（裏）

縫い止まり

あけ口

0.3cm

## 枝の作り方

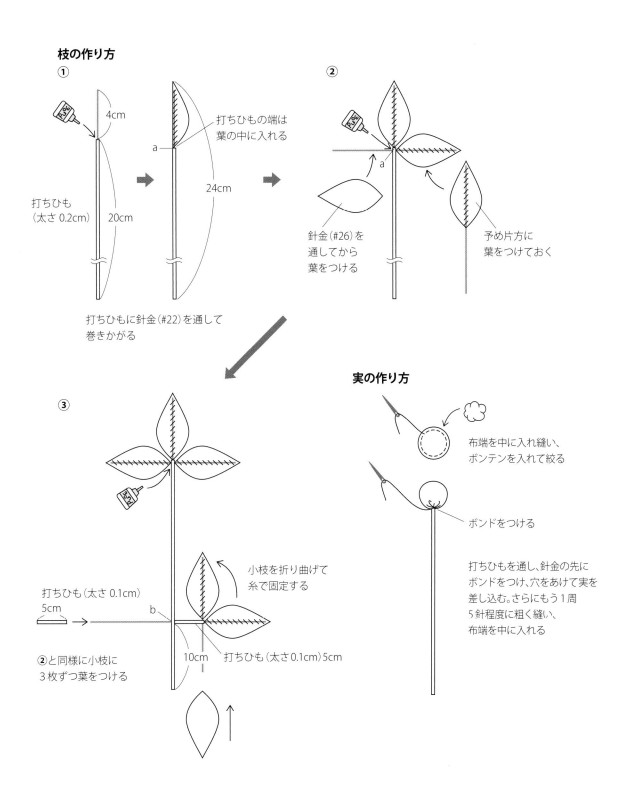

① 打ちひも（太さ 0.2cm）20cm　4cm

打ちひもの端は葉の中に入れる

a　24cm

打ちひもに針金（#22）を通して巻きかがる

② 針金（#26）を通してから葉をつける

予め片方に葉をつけておく

a

③ 打ちひも（太さ 0.1cm）5cm

b

②と同様に小枝に3枚ずつ葉をつける

小枝を折り曲げて糸で固定する

打ちひも（太さ 0.1cm）5cm

10cm

## 実の作り方

布端を中に入れ縫い、ボンテンを入れて絞る

ボンドをつける

打ちひもを通し、針金の先にボンドをつけ、穴をあけて実を差し込む。さらにもう1周5針程度に粗く縫い、布端を中に入れる

# 水仙 ➡ P.48、49  実物大型紙 P.127  P.59「椿の作り方」参照

〈材料〉
花弁 ちりめん（白または黄）／6枚（4.5×10cm）
花芯 ちりめん（白または黄）／1枚（6.5×5cm）
がく ちりめん（緑）／1枚（4×4cm）
葉 ちりめん（深緑）／2枚（2.5×7cm）

打ちひも（黄緑太さ0.2cm）／25cm
ペップ（白）／3本
モール／10cm×6本
手芸綿、厚紙

下準備：型紙を作る。花弁と葉のちりめんに接着芯を貼る。

〈作り方〉

**1** 花芯を作る。布の短い端0.5cmを縫い合わせて筒状にし、縫い代を割って表に返す。半分に折って布端を合わせ、糸2本取りで縫い絞る。ペップを半分に折り曲げて根元を糸で巻いて結び、花芯の中心に差し込んでボンドで固定する。

**2** 花弁を縫う。布を中表二つ折りにし、型紙の印をつける。あけ口以外の部分を半返し縫いで縫う。花弁の先は一目飛ばして本返し縫いする。縫い代を0.3cm、あけ口は0.5cmつけて布をカットする。表に返し、モールを花弁の形に曲げて入れ、端を花弁の根元にボンドでとめる。これを6枚作る。内花弁3枚を輪に縫い、花芯を中心にして絞る。このとき、花弁中央のステッチを長くする。一度玉止めしてから、続けて花弁に花芯の根元を縫いつける。外花弁は内花弁と重ならないように花弁どうしの隙間に返し縫いで縫いつける（図A参照）。

**3** がくを作る。布を厚紙（型紙）より一回り大きく切り、糸2本取りで布端を縫う。中心に少量の綿、厚紙の順に入れてやや強めに絞り、玉止めして花弁の裏に縫いつける。

**4** 葉を作る。布を中表にし、型紙の印をつける。あけ口以外の部分を半返し縫いで縫う。縫い代を0.3cmつけて布をカットする。表に返し、打ちひもを挟んであけ口を縫いとじる。これを2枚作り、打ちひもの両端につける。打ちひもを蝶結びして、がくの上に縫いつける（図B参照）。

花芯
二つ折りして糸で巻く
ペップを花芯にボンドでとめる

花弁
花弁の先をわにつけて印をつけ、一目飛ばして縫う
わ
0.3cm
0.3cm
（裏）
0.5cm
あけ口
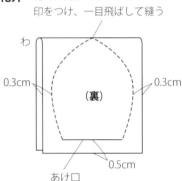

[図A]
内花弁
花芯
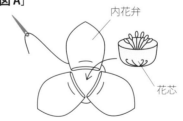
花弁中央のステッチを長くしてつなぎ、花芯を入れて絞る

[図B]
外花弁
内花弁
がく
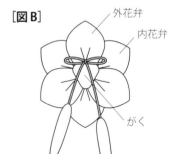
がくの上に打ちひもを蝶結びにして縫いつける（裏面）

# つるし飾りの
# つるし方・飾り方

ちりめん細工のモチーフのつるし方や飾り方を紹介。
組みひもに縫いつけたり、飾り台などにつるしたり、つるし飾りの方法はさまざま。
つるす花の数や本数は、古くから縁起が良いと伝わる「奇数」がおすすめです。

※モチーフのつり方（P.57）も合わせてご覧ください。

# 桜と総角結びのつるし飾り ➡ P.7

**〈材料〉**
桜モチーフ／5個
組みひも（薄水色 太さ1cm）／1本（140cm）

**〈作り方〉**
1. 飾りひもを作る。組みひもを総角結び（P.58
参照）する。
2. 花のがく（裏）に針を入れ、①③④のモチー
フは向かって右側の組みひもに、②と⑤は
左側の組みひもに、それぞれ指定の位置に
縫いとめる。③と⑤は、組みひも2本がばら
けないように2本に通して縫いとめる。

（裏）

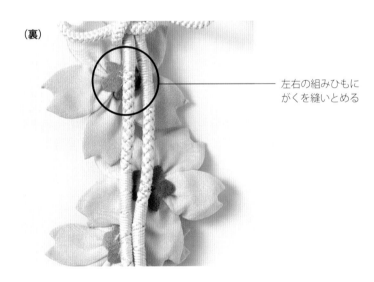

左右の組みひもに
がくを縫いとめる

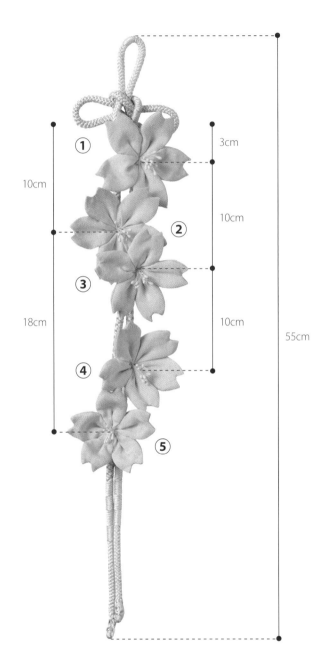

# 花水木の飾り ➡ P.9

## 〈材料〉
花水木モチーフ／10個（白4個、ピンク6個）
ウッドビーズ（R6-3）／ベージュ6個、赤1個
打ちひも（黄緑 太さ0.1cm）／3本（45cm、40cm、35cm）
打ちひも（赤 太さ0.2cm）／1本（50cm）
つるし棒（太さ1.5cm、長さ36cm）／1本

## 〈作り方〉
**1.** 黄緑の打ちひものひも端を玉結びし、太い針に通す。いちばん下のモチーフのがく（裏）の下に針を入れ、花弁と花弁の縫い目に針を出す。残りのモチーフは指定の位置にウッドビーズに糸を2回通してがくの中に針を通す。

**2.** モチーフがついたそれぞれの打ちひもの先端をつるし棒の穴に通し、いちばん上のモチーフのがくの上から針を通し、がくの下で玉止めしてつるす。

**3.** 赤の打ちひもをつるし棒の穴に通してつるし、向かって右側の打ちひもの結び目にモチーフ1個を縫いとめる。

**（裏）**

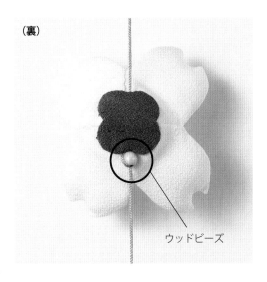

ウッドビーズ

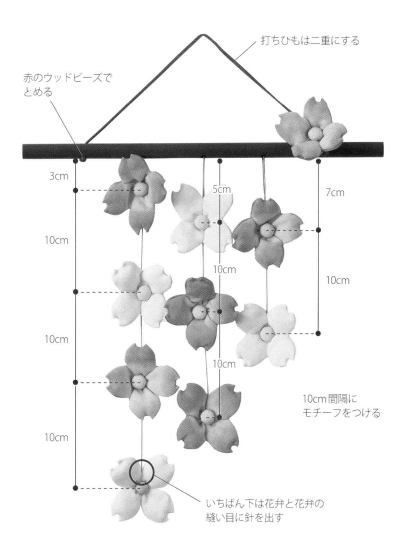

打ちひもは二重にする

赤のウッドビーズでとめる

3cm

5cm

7cm

10cm

10cm

10cm

10cm

10cm

10cm

10cm

10cm間隔にモチーフをつける

いちばん下は花弁と花弁の縫い目に針を出す

# 藤とあわじ結びの輪飾り ➡ P.10

## 〈材料〉

藤モチーフ（花3本・葉3本・つる2本）／3組
白布／幅5cm×長さ200cm（リング用160cm 、
軸用40cm）
バイアス布（黄緑 幅0.5×20cm）／6本
つるしリング（径25cm 幅2cm ）／1本
打ちひも（紫、白、桃、黄、緑 太さ0.5cm）／5本
（各200cm）
打ちひも（白 太さ0.2cm）／1本（50cm）
針金（#18）／3本（各36cm）
針金（#24）／5本（各72cm）

## 〈作り方〉

**1.** 白布の両端を突き合せて折り、幅 2.5cmに
し、アイロンをかける。

**2.** バイアス布にボンドをつけ、針金（#18）に巻
きながら花3本、葉3本、つる2本を巻きこむ。
これを3組作る。

**3.** 軸用の白布にボンドをつけ、**2.** の3組の根元
をひとまとめに巻き束にする。つるしリン
グにもリング用の白布にボンドをつけて斜
めに巻き、ひとまとめにした束をリングの
左側に巻きこみ、布端はボンドで裏にとめる。

**4.** 飾りひもを作る。5色の打ちひもの中心に針
金（#24）を通し、あわじ結び（P.58参照）する。
はじめに紫で結び、白、桃、黄、緑の順に他
の打ちひもを紫に添わせながら通す。5本結
んで形を整えたらひも端を切り揃える。

**5.** 白の打ちひも（太さ0.2cm）を輪にしてリン
グに結び、**4.** の飾りひもの裏に縫いとめる。

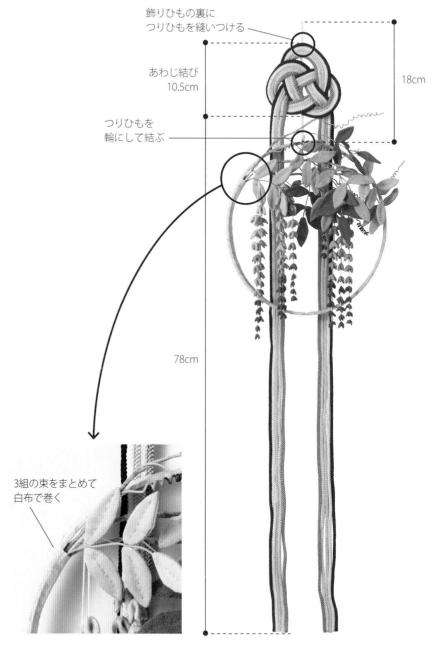

飾りひもの裏に
つりひもを縫いつける

あわじ結び
10.5cm

つりひもを
輪にして結ぶ

18cm

78cm

3組の束をまとめて
白布で巻く

# 牡丹のつるし飾り ➡ P.13

**〈材料〉**
牡丹モチーフ／3個（各色）
房つき組みひも（緑 太さ1cm）／1本（180cm）

**〈作り方〉**
1.組みひもを半分に折り、折ったところから
　17cmの位置で組みひも2本を縫いとめる。
　その下から12cm間隔で2ヶ所を縫いとめる。
2.モチーフのがく（裏）に針を通し、**1.**の位置
　にモチーフを縫いとめる。

（裏）

房つきひもを
縫いとめる

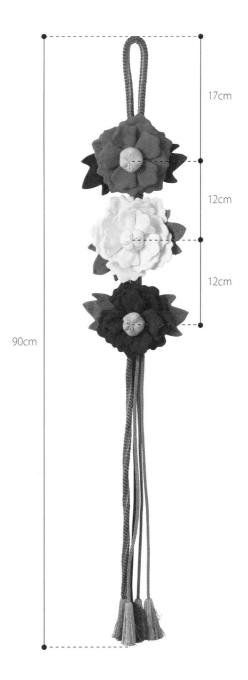

17cm

12cm

12cm

90cm

# 紫陽花のつるし飾り ➡ P.15

## 〈材料1本分〉
紫陽花モチーフ／1個
スチロール玉（バラ芯 2.8cm）／1個
打ちひも（白 太さ0.1cm）／1本（50cm）
ちりめん（紫 8×5cm）／1枚
くくり花（4×4cm）／10個（各色）
（くくり花の作り方→P.72参照）

## 〈作り方〉
**1.** スチロール玉を包むように紫の布をボンド
  で貼り、余分な布を切って形を整える。
**2.** 打ちひもを太めの針に通してひも端を玉結
  びし、**1.** のスチロール玉、くくり花7個、紫陽
  花モチーフの順に通す。くくり花はバラン
  スよくボンドで固定し、モチーフの下で玉
  止めする。
**3.** 打ちひもの端を輪に結び、結び目にくくり
  花3個を縫いとめる。
※他2本も同様に作ってつるす。

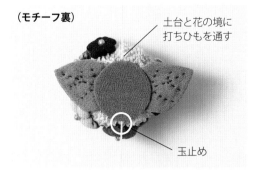

（モチーフ裏）
土台と花の境に
打ちひもを通す
玉止め

（裏）
ボンドで
接着
玉結び

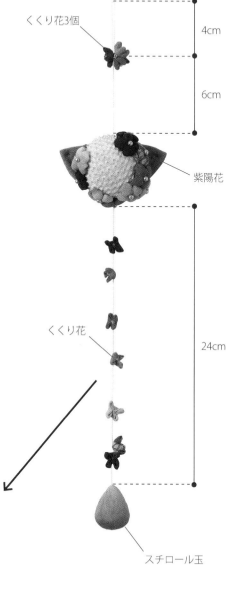

くくり花3個
4cm
6cm
紫陽花
くくり花
24cm
スチロール玉

# 百合のガーランド ➡ P.18

**〈材料〉**
百合モチーフ／7個(白4個、ピンク2個、柄1個)
組みひもA(ピンク 太さ1.0cm)／1本(140cm)
組みひもB(白 太さ0.5cm)／1本(60cm)

**〈作り方〉**
**1.** 組みひもAを半分に折り、中心を決める。中心にモチーフのがく(裏)を縫いとめ、同様に左右8cm間隔で残りのモチーフを縫いとめる。
**2.** 組みひもBを、**1.** でつけたモチーフのがく上部に7cm間隔で縫いとめる。
**3.** 組みひもBのひも端は、端のモチーフの根元にぐるりと巻いて縫いとめる。

残った組みひもBを
花の根元に巻いて縫いとめる

(裏)

組みひもA
8cm間隔

組みひもB
7cm間隔

がくの中心と上部に
それぞれの組みひもを縫いつける

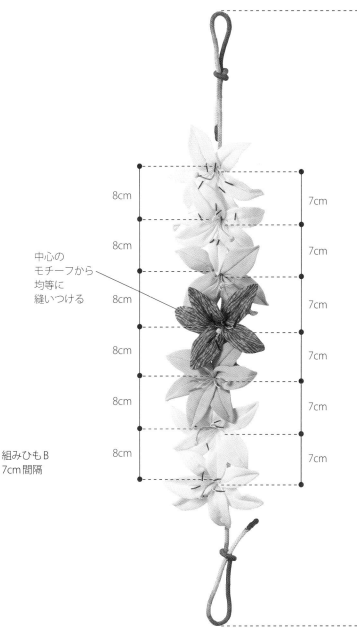

8cm

8cm

8cm

8cm

8cm

8cm

中心の
モチーフから
均等に
縫いつける

7cm

7cm

7cm

7cm

7cm

7cm

90cm
(結ばない場合
140cm)

# クレマチスの飾り ➡ P.20

**〈材料〉**
クレマチスモチーフ／5個（各色）
飾り台

**〈作り方〉**
モチーフ5個のがく（裏）を、飾り台の指定の位
置に巻きかがり（P.56参照）で縫いとめる。

**（裏）**

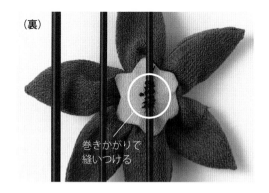

巻きかがりで
縫いつける

1.5cm

右から2番目の
フレームの角につける

12cm

3cm

38cm

10cm

1.5cm

4cm

左端のフレームの角につける

# 朝顔の飾り ➡ P.23

**〈材料〉**
朝顔モチーフ／5個
飾り台

**〈作り方〉**
モチーフ5個のがく（裏）を、飾り台の指定の位
置に巻きかがり（P.56参照）で縫いとめる。

（裏）

巻きかがりで
縫いつける

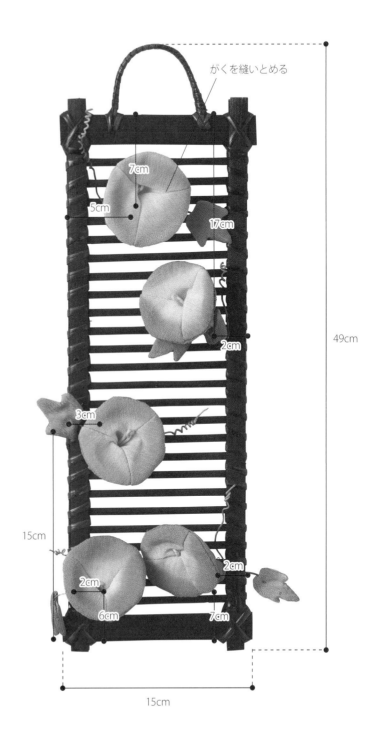

がくを縫いとめる

7cm

5cm

17cm

2cm

3cm

15cm

49cm

2cm

2cm

6cm

7cm

15cm

# ハイビスカスと槿のつるし飾り ➡ P.25

## 〈材料〉

槿モチーフ／11個（3色）
ハイビスカスモチーフ／7個（2色）
打ちひも（赤 太さ0.1cm）／6本（中心のつり飾り用25cm×1本、55cm×5本　計300cm）
ウッドビーズ（赤 R6-3）／10個
木製の5本つり具

## 〈作り方〉

1. 中心の飾りを作る。モチーフ3個のがく（裏）を輪になるように糸で縫いつなげる。25cmの打ちひもを輪に結び、結び目につなげたモチーフを縫いとめてつり具につるす。

2. 残りの飾り5本を作る。打ちひものひも端を玉結びして太い針に通し、下から順に13cm間隔になるようにモチーフを通す。このとき、いちばん下はがく下から花弁先に針を出し、上のモチーフはウッドビーズにひもを2回通してから、がくの上下に針を通す。

3. 2.をつり具の穴に通し、10cmの位置でひと結びし、上のモチーフのがくの上から針を通して下でとめる。残り4本も同様につるす。

**中心の飾り**

がくを糸で
縫いつなげる

**飾り（表）**

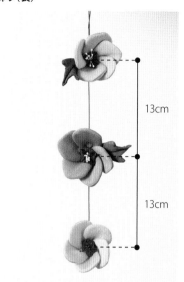

13cm

13cm

**飾り（裏）**

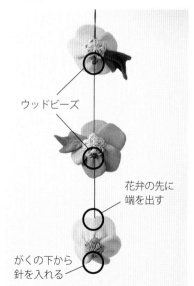

ウッドビーズ

花弁の先に
端を出す

がくの下から
針を入れる

38cm

# 蓮の飾り ➡ P.28

〈材料〉
蓮モチーフ／花2個、つぼみ1個、葉2枚
金属製つるし台（高さ50cm）
かご飾り
竹すだれの敷物（43.5×30cm）

〈作り方〉
竹すだれを敷き、花1個、つぼみ1個、葉2枚を
バランスよく置く。もう1個の花はかご飾りに
入れてつり下げる。

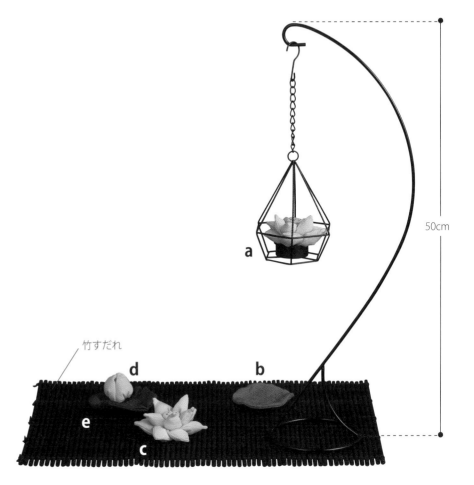

# 大菊と総角結びの飾り ➡ P.34

あげ　まき

〈材料〉
大菊モチーフ／2個
組みひも（橙 太さ1cm）／1本（140cm）

〈作り方〉
1. 飾りひもを作る。組みひもを総角結び（P.58
参照）する。
2. モチーフのがく（裏）を、組みひもの指定の
位置に縫いとめる。その際、組みひもがばら
けないように2本に縫いとめる。

（裏）

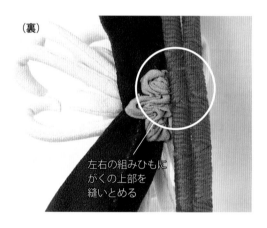

左右の組みひもに
がくの上部を
縫いとめる

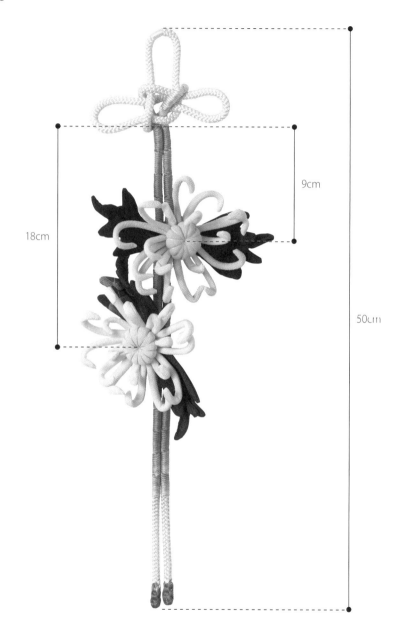

18cm

9cm

50cm

# 秋の草花かご盆飾り ➡ P.38

〈材料〉
各モチーフ／芒3本、菊2個、桔梗3個、撫子3個
房つき打ちひも（黄緑 太さ0.5cm）／1本（120cm）
丸かご盆

〈作り方〉
1. かご盆に各モチーフを指定のように配置し、
   かご盆の裏に縫いとめる。
2. 打ちひもの房近くで総角結び（P.58参照）し、
   上に4cm程度のつり下げ用の輪を残し、か
   ご盆の裏に縫いとめる。

（裏）

かごの裏に
打ちひもを縫いとめる

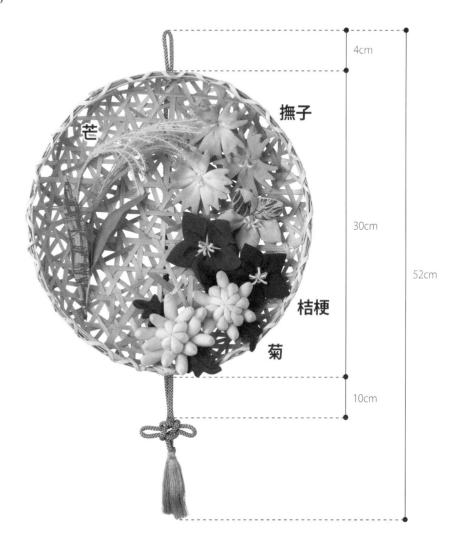

芒

撫子

桔梗

菊

4cm

30cm

52cm

10cm

# 紅白椿のつるし飾り ➡ P.41

〈材料〉
椿モチーフ／3個
房つき組みひも（黄緑 太さ1cm）／1本
（160cm）

〈作り方〉
1. 組みひもを半分に折り、中心から14cm
   の位置で組みひも2本を縫いとめ、輪に
   する。
2. モチーフのがく（裏）を、組みひもの指
   定の位置に縫いとめる。このとき、組
   みひもがばらけないように2本に縫い
   とめる。

（裏）
← がくの中心を
  縫いつける

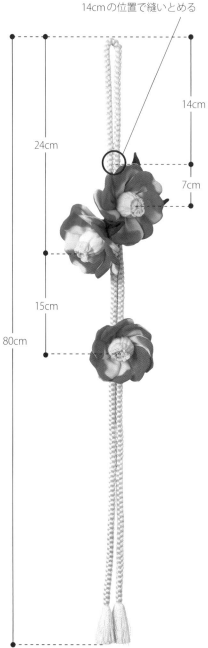

14cmの位置で縫いとめる

14cm

24cm

7cm

15cm

80cm

# 椿のくす玉 ➡ P.42

〈材料〉
椿モチーフ／12個（赤、もしくは白）
※くす玉用に使うモチーフにがくは不要。
スチロール玉（直径5cm）／1個
組みひも（赤、もしくは白 太さ1cm）／1本（140cm）
リリアン（赤、もしくは白）／2束
手芸綿
木綿糸、金糸

〈作り方〉
1. くす玉の芯を作る。スチロール玉を2cm程
   度の厚さの綿に包み、綿が見えなくなるま
   で木綿糸を巻きつけ、形を整えながら直径
   7cmにする。このとき、赤い花は赤糸で、白
   い花は白糸で巻く。
2. 組みひもの中心を総角結び（P.58参照）し、結
   び目から3cmのところで2本を縫いとめ、残
   りのひもを1.の球面に割り入れ、面に添わ
   せて縫いとめる。
3. 左右の組みひもを玉の下で束ね、玉の下と
   9cm下を糸で縫いとめ、残りは切る。
4. 1.にモチーフ12個をバランスよく縫いとめる。
5. 一旦くす玉を逆さにし、4.で切ったひも端に
   リリアンの束の輪を当て、花の下2cmの位
   置で糸でしっかりくくる。糸でくくって、房
   頭を作る。総角結びが上になるようにくす
   玉を戻し、リリアンを1本ずつきれいに並べ
   て金糸で縛る。リリアンの房を切りそろえる。

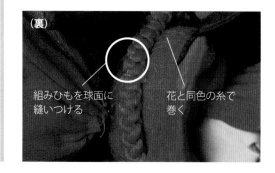

（裏）
組みひもを球面に
縫いつける

花と同色の糸で
巻く

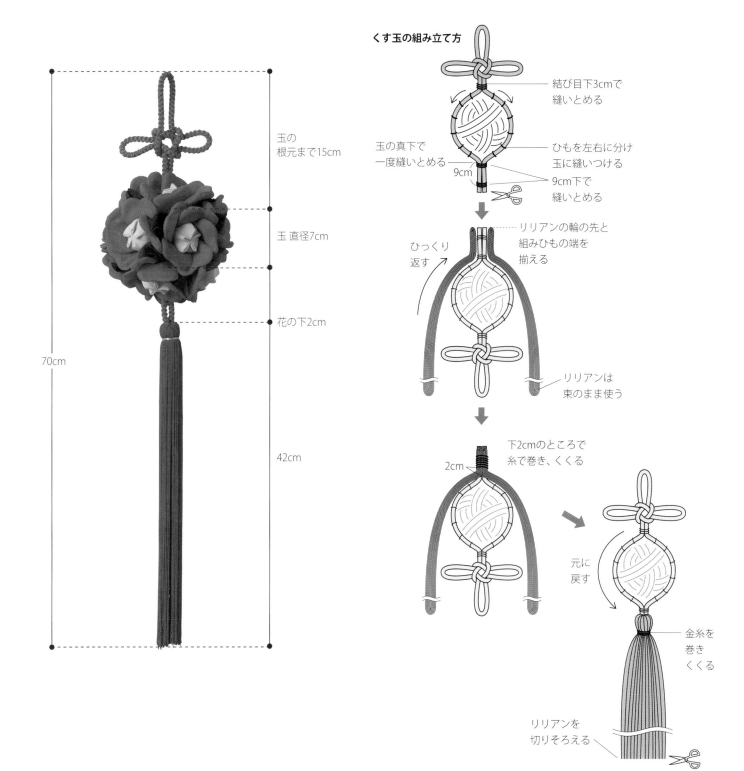

**くす玉の組み立て方**

結び目下3cmで
縫いとめる

玉の真下で
一度縫いとめる

ひもを左右に分け
玉に縫いつける

9cm

9cm下で
縫いとめる

ひっくり
返す

リリアンの輪の先と
組みひもの端を
揃える

リリアンは
束のまま使う

下2cmのところで
糸で巻き、くくる

2cm

元に
戻す

金糸を
巻き
くくる

リリアンを
切りそろえる

玉の
根元まで15cm

玉 直径7cm

花の下2cm

70cm

42cm

# ポインセチアのリース → P.45

62cm

## 〈材料〉

ポインセチアモチーフ／5個または6個
蔓製リング（径21cm）／1個
打ちひも（茶 太さ0.1cm）／1本（20cm）
房つきロープ（クリスマスカラー 太さ1cm）
／1本（130cm）※著者私物

## 〈作り方〉

**1.** 打ちひもを輪に結び、リングにくぐらせて
つるしひもにする。

**2.** リングにモチーフの軸を巻きつけ、5個の
モチーフ5個を取りつける。シンプル仕様
のリースはこれで完成。

※6個仕様は以下の工程を続ける。

**3.** 房つきロープを二つ折りにし、中心から
12cmの位置でひと結びする。結び月に6
個めのモチーフの軸を差し込み、リングの
つるしひもに掛ける。

**4.** リングが見えないように6個のモチーフの
形を整える。

打ちひもに
房つきロープを掛ける

**モチーフ6個仕様**

（裏）

軸を巻きつける

12cm

**シンプル仕様**

（裏）

# 南天のしめ縄飾り  → P.47

## 〈材料〉

南天 モチーフ／実15個、葉つき枝3本
ちりめん（赤）／1枚（12×10cm）
ツイストコード（金 太さ0.6cm）／1本（20cm）
金銀水引／1本（60cm）
しめ縄飾り／1個（長さ50cm）

## 〈作り方〉

**1.** 枝と実をひとまとめにして糸でくくる。

**2.** 帯を作る。ちりめんを中表に横二つ折りし、縫い代（0.5cm）をとって縫い合わせ、縫い目を中心にしてアイロンをかけて割ってから表に返す。

**3.** しめ縄の胴に**1.**を重ねて**2.**で巻き、**2.**の布端を裏で縫い合わせ、ツイストコードを巻く。

**4.** あわじ結び(P.58参照)で水引を作り、ツイストコードに通して輪飾りの胴の裏でひと結びする。

50cm

（裏）
裏で縫い合わせる

# 水仙のつるし飾り ➡ P.49

〈材料〉

水仙モチーフ／7個（白4個、黄3個）
打ちひも（こげ茶 太さ0.1cm）／3本（各50cm
計150cm）
ウッドビーズ（茶 R6-3）／4個
衣桁型つるし台（W45×H50×D6）
くくり花／2個
（くくり花の作り方はP.72参照）

〈作り方〉

**1.** 打ちひものひも端を玉結びして太い針に通
し、モチーフのがく（裏）に通す。いちばん下
のモチーフは、がくの下に針を入れ、花弁裏
の中心に針を出す。残りのモチーフはウッ
ドビーズに糸を2回通し、同様に針を通す。
モチーフ3個のもの1本と、2個といちばん上
をくくり花にしたものを2本作る。

**2.** いちばん上のモチーフの後ろで打ちひもを
輪に結び（くくり花はモチーフに針を刺し戻
してモチーフの真下で結ぶ）、それぞれつる
し台につるす。

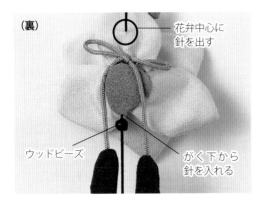

（裏）

花弁中心に
針を出す

ウッドビーズ

がく下から
針を入れる

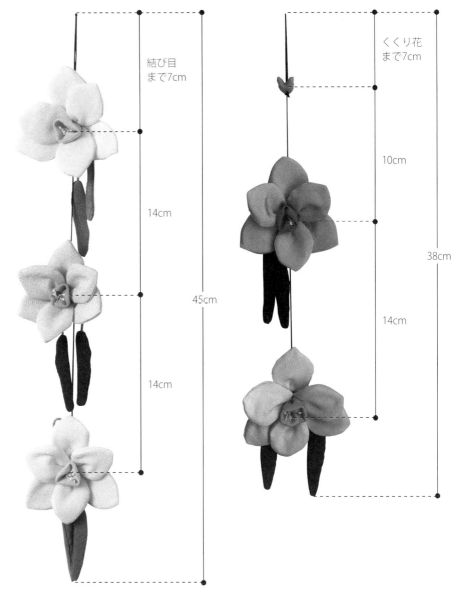

結び目
まで7cm

14cm

14cm

45cm

くくり花
まで7cm

10cm

14cm

38cm

# モチーフの実物大型紙

## 【型紙を取るときの注意点】

### 1. 布目

型紙内の矢印（↕）はちりめんの織りの向き（布目）です。ちりめんは伸縮性に優れているので縦横を揃えて切りましょう。

### 2. 裁ち切り

「裁ち切り」「厚紙」と指示のある型紙は、布や厚紙もその大きさのとおりに裁断してください。縫い代は不要です。

### 3. 枚数

「裁ち切り」「厚紙」の型紙は布1枚、それ以外の型紙は、内布と外布の2枚合わせになるため、パーツ1個につき、2枚の布が必要になります。

### 4. 縫い代

型紙は仕上がりサイズです。裁断する際、作り方ページ（P.75〜）に記載された縫い代を取ってカットしましょう。
※0.3cm、または0.5cm

※型紙に表示している枚数は、注釈のないもの以外モチーフ1個分です。点線の模様は刺繍の柄です。

### 〈布を切って後で縫う場合〉

裁ち切りの場合は、型紙どおりに切ります。縫い代が必要な場合は、型紙の上下左右に縫い代分を取り、布を切ってから縫います。

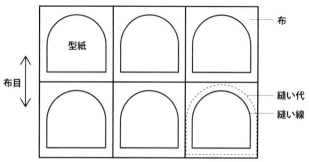

例：1枚の布から内外6枚、3枚分を取る場合

### 〈布を二つ折りにして先に縫う場合〉

花弁や葉など、2枚合わせの場合は、布を二つ折りして型紙を取り、先に縫ってから縫い代を取り、布を切ります。

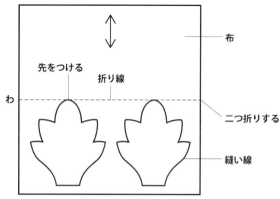

例：1枚の布から内外4枚、2枚分を取る場合

# 桜 作品／P.6、7 [作り方] P.65〜68

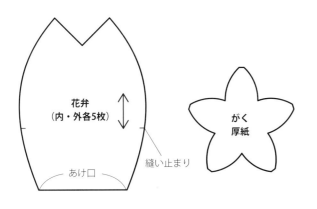

花弁
（内・外各5枚）

あけ口

縫い止まり

がく
厚紙

がく
裁ち切り

# 花水木 作品／P.8〜9 [作り方] P.76

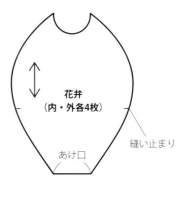

花弁
（内・外各4枚）

あけ口

縫い止まり

がく
厚紙

花芯
（1枚）
裁ち切り

がく
（1枚）
裁ち切り

# 撫子 作品／P.37 [作り方] P.86

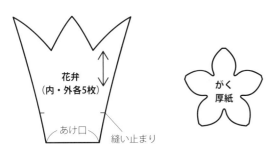

花弁
（内・外各5枚）

あけ口

縫い止まり

がく
厚紙

がく
（1枚）
裁ち切り

# 藤 作品／P.10、11 作り方 P.72〜74

※枝1本、花12個分

葉
（内・外各5枚）

あけ口

花弁
（3枚）
裁ち切り

花弁
（2枚）
裁ち切り

花弁
（2枚）
裁ち切り

花弁
（2枚）
裁ち切り

花弁
（2枚）
裁ち切り

花弁
（1枚）
裁ち切り

# クレマチス 作品／P.20、21 作り方 P.81

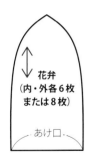

花弁
（内・外各6枚
または8枚）

あけ口

花弁8枚用
がく
厚紙

花弁6枚用
がく
厚紙

花芯
厚紙

花芯①
（1枚）
裁ち切り

花芯②
（1枚）
裁ち切り

# 紫陽花

作品／P.14、15　作り方　P.78、79

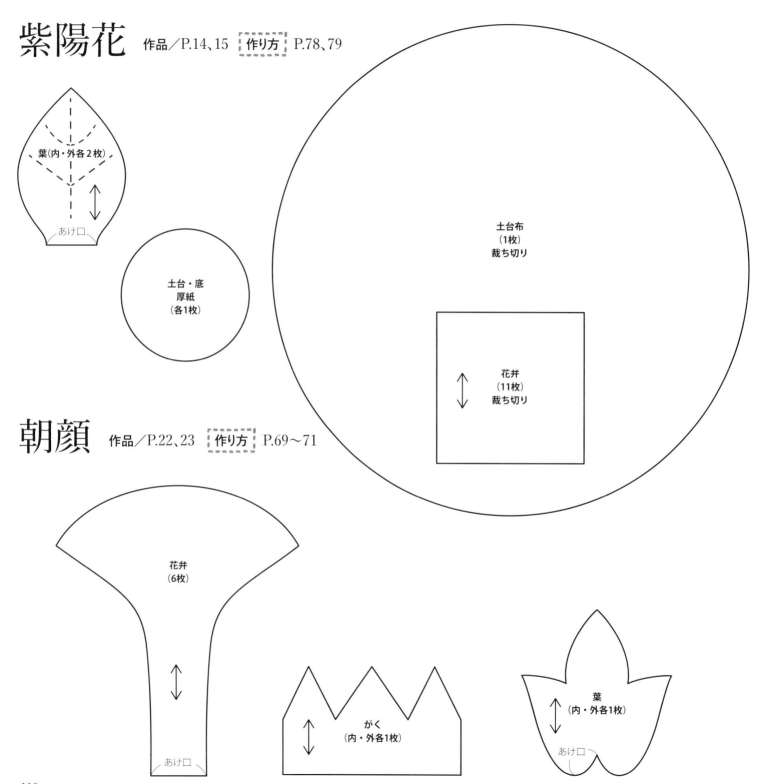

葉（内・外各2枚）

あけ口

土台・底
厚紙
（各1枚）

土台布
（1枚）
裁ち切り

花弁
（11枚）
裁ち切り

# 朝顔

作品／P.22、23　作り方　P.69〜71

花弁
（6枚）

あけ口

がく
（内・外各1枚）

葉
（内・外各1枚）

あけ口

# 牡丹

作品／P.13、14　　作り方 P.77

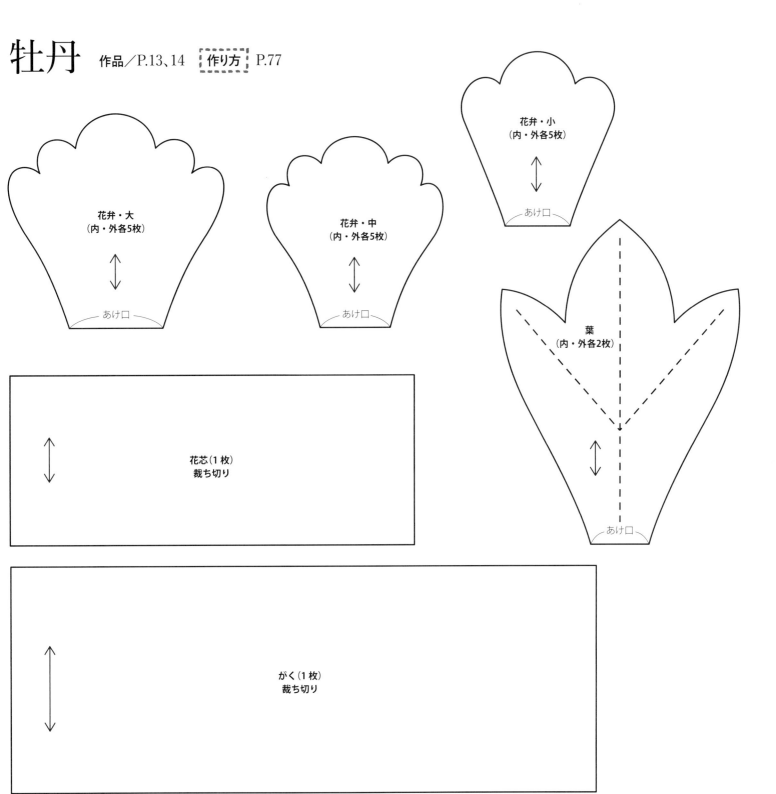

花弁・大
（内・外各5枚）

あけ口

花弁・中
（内・外各5枚）

あけ口

花弁・小
（内・外各5枚）

あけ口

花芯（1枚）
裁ち切り

葉
（内・外各2枚）

あけ口

がく（1枚）
裁ち切り

# 百合 作品／P.16〜19 作り方 P.80

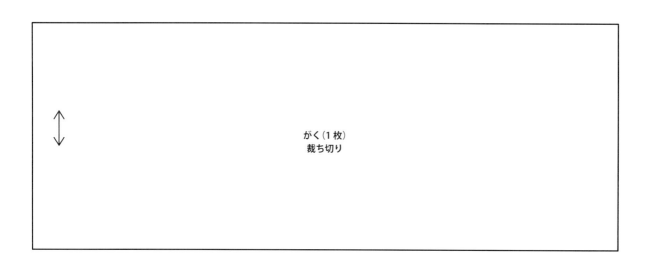

がく（1枚）
裁ち切り

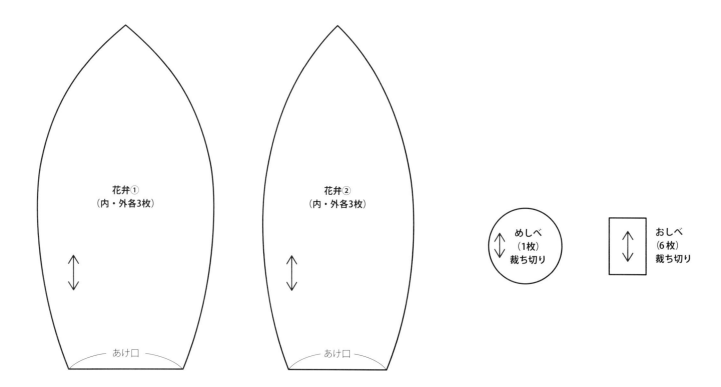

花弁①
（内・外各3枚）

あけ口

花弁②
（内・外各3枚）

あけ口

めしべ
（1枚）
裁ち切り

おしべ
（6枚）
裁ち切り

# 槿・ハイビスカス 作品／P.24〜27 作り方 P.82、83

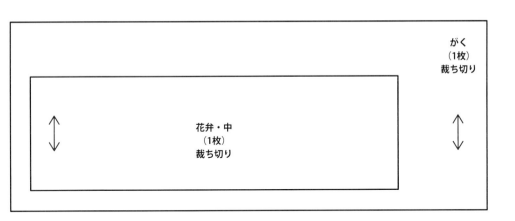

花弁・中
（1枚）
裁ち切り

がく
（1枚）
裁ち切り

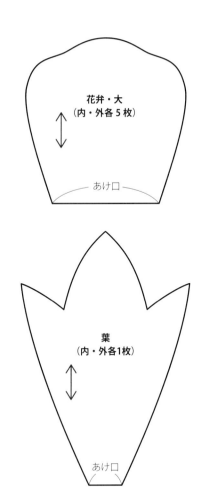

花弁・大
（内・外各5枚）

あけ口

葉
（内・外各1枚）

あけ口

# 桔梗 作品／P.33 作り方 P.88

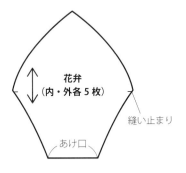

花弁
（内・外各5枚）

縫い止まり

あけ口

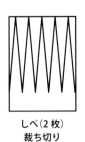

しべ（2枚）
裁ち切り

がく
（1枚）
裁ち切り

がく
厚紙

# 蓮

作品／P.28、29　作り方 P.84、85

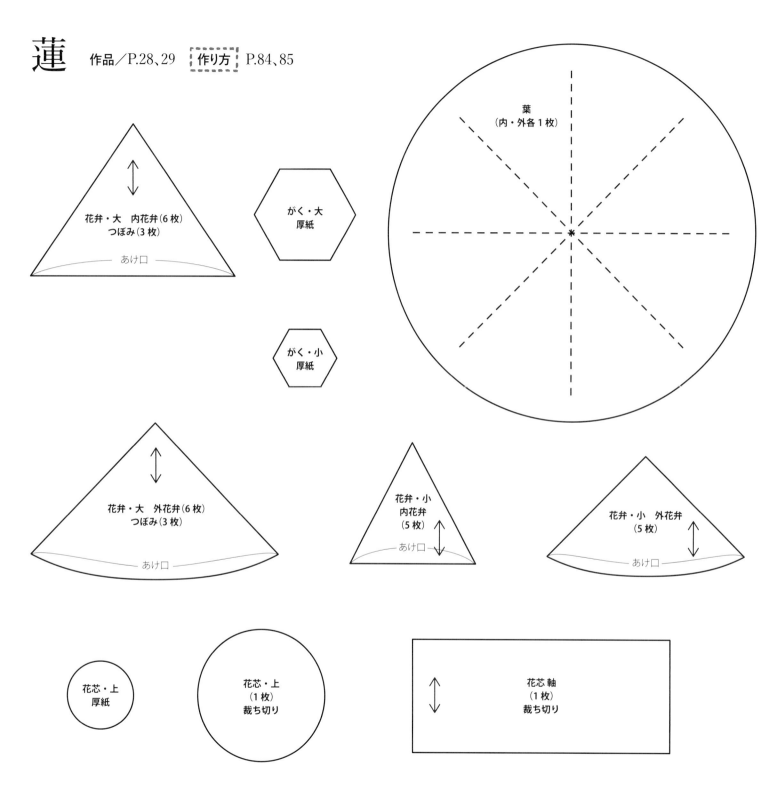

葉
（内・外各1枚）

花弁・大　内花弁（6枚）
つぼみ（3枚）
あけ口

がく・大
厚紙

がく・小
厚紙

花弁・大　外花弁（6枚）
つぼみ（3枚）
あけ口

花弁・小
内花弁
（5枚）
あけ口

花弁・小　外花弁
（5枚）
あけ口

花芯・上
厚紙

花芯・上
（1枚）
裁ち切り

花芯 軸
（1枚）
裁ち切り

# 椿 作品／P.40〜43 作り方 P.59〜64

紅白
花芯A（1枚）
裁ち切り

紅白・混色
がく（1枚）
裁ち切り

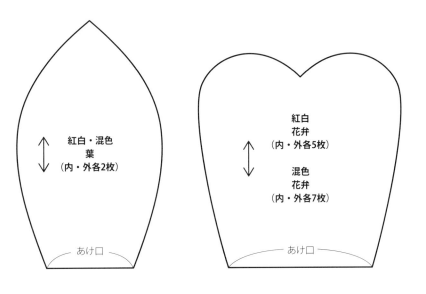

紅白・混色
葉
（内・外各2枚）

あけ口

紅白
花弁
（内・外各5枚）

混色
花弁
（内・外各7枚）

あけ口

混色
花芯B（黄・白各1枚）
裁ち切り

# 菊 作品／P.36 作り方 P.89

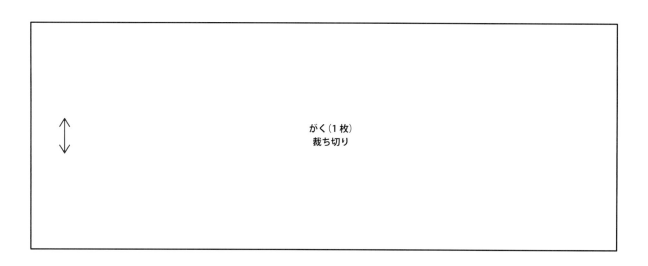

がく（1枚）
裁ち切り

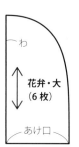

わ

花弁・大
（6枚）

あけ口

わ

花弁・中
（6枚）

あけ口

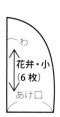

わ

花弁・小
（6枚）

あけ口

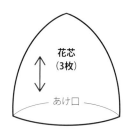

花芯
（3枚）

あけ口

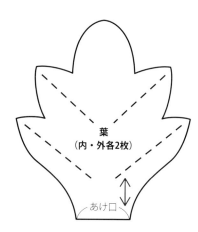

葉
（内・外各2枚）

あけ口

# 大菊 作品／P.34、35 　作り方　P.90、91

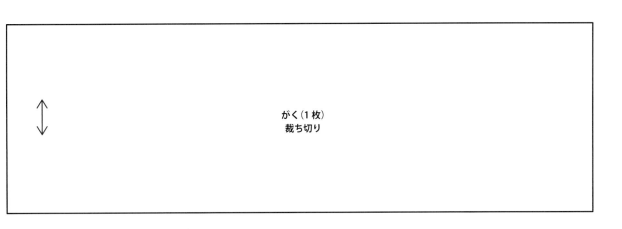

がく（1枚）
裁ち切り

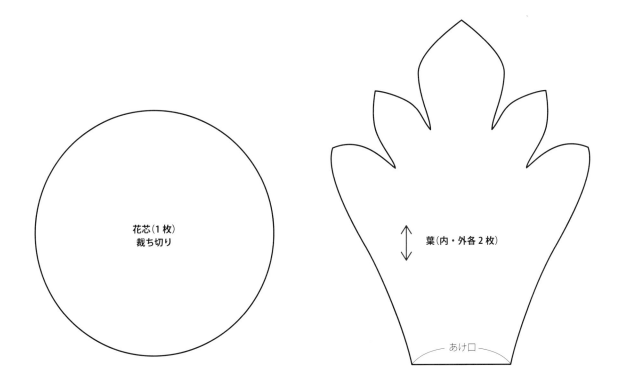

花芯（1枚）
裁ち切り

葉（内・外各2枚）

あけ口

# 南天  作品／P.46、47　　作り方 P.94、95

※枝1本、実5個分

実
（5枚）
裁ち切り

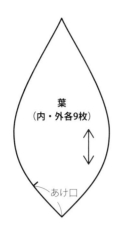

葉
（内・外各9枚）

あけ口

# 芒　作品／P.32　　作り方 P.87

※2本分

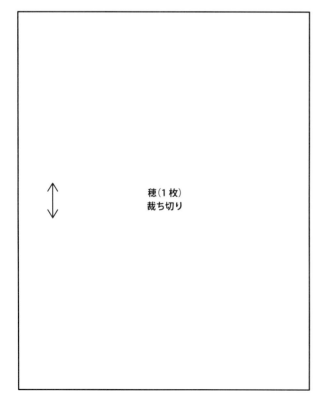

穂（1枚）
裁ち切り

葉・大
（2枚）
裁ち切り

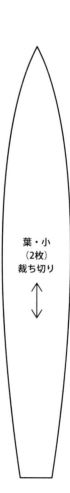

葉・小
（2枚）
裁ち切り

# ポインセチア　作品／P.44、45　作り方 P.92、93

花①
（6枚）
裁ち切り

花②
（6枚）
裁ち切り

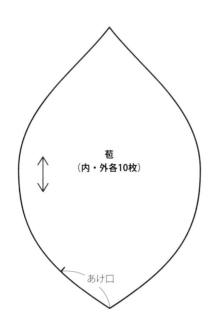

苞
（内・外各10枚）

あけ口

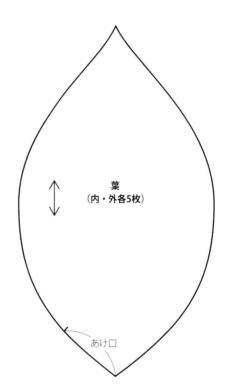

葉
（内・外各5枚）

あけ口

# 水仙　作品／P.48、49　作り方 P.96

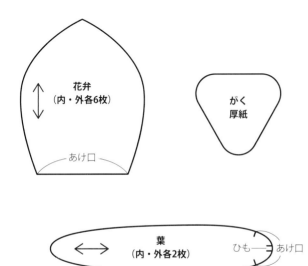

花弁
（内・外各6枚）

あけ口

がく
厚紙

葉
（内・外各2枚）

ひも　あけ口

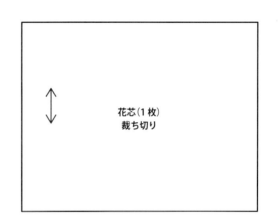

花芯（1枚）
裁ち切り

和室にも洋室にも合う 季節の花飾り

# 花のちりめん細工と つるし飾り

2021年2月1日　第1刷発行
2022年2月1日　第3刷発行

著　者　　矢島佳津美
発行者　　吉田芳史
印刷・製本所　株式会社 光邦
発行所　　株式会社 日本文芸社
　　　　　〒135-0001　東京都江東区毛利2-10-18 OCMビル
　　　　　TEL 03-5638-1660(代表)

Printed in Japan 112210115-112220121 Ⓝ 03(080014)
ISBN978-4-537-21863-3
URL https://www.nihonbungeisha.co.jp/
©KAZUMI YAJIMA 2021
(編集担当　牧野)

内容に関するお問い合わせは
小社ウェブサイトお問い合わせフォームまでお願いいたします。
ウェブサイト　https://www.nihonbungeisha.co.jp/

## 矢島 佳津美

和工房かぐら主宰、鎌倉かぐら店主。明治生まれの祖母よりちりめん細工の手ほどきを受け、30代からちりめん古布の収集と作品作りを始める。1995年雑誌に作品が紹介されたことで古布を使ったちりめん細工教室を始める。その後、伊豆稲取のつるし飾りに出会い、第1回雛のつるし飾りまつりコンテストで独創的な作品が「クリエイティブ賞」受賞。第7回同コンテストでグランプリ受賞。現在つるし飾りとちりめん細工教室を朝日カルチャー新宿、横浜、よみうりカルチャー自由が丘教室など10ヶ所以上で開催。著書に「ちりめんで作るはじめてのつるし飾り」「ちりめんで作る干支と季節の飾りもの」(ブティック社)、「四季を愉しむちりめん細工とつるし飾り」(ナツメ社)などがある。

教室問い合わせ先
TEL: 0466-45-5421／矢島
e-mail: wkagura@yahoo.co.jp

編集　　　武智美恵、佐倉 光
デザイン　伊藤智代美
撮影　　　天野憲仁
イラスト　小池百合穂

製作協力　林 直美
　　　　　兒玉智恵子
　　　　　田辺澄子
　　　　　深谷由紀子
　　　　　中島小夜子

素材・　　鎌倉かぐら(布キット・材料販売)
小物協力　https://kamakurakagura.stores.jp
　　　　　住所:神奈川県鎌倉市小町2-4-15
　　　　　TEL:0467-24-8274
　　　　　営業時間:11時〜16時(日・祝休)